気の正体

日本人の命の健康法

秋山眞人

布施泰和 協力

きずな出版

本書に記載されている方法を試される前に

現在、何らかの病気で治療を受けていたり、過去に大きな病気やケガをされたり、薬による副作用や食物によるアレルギーなどの症状があった場合、またはそうした心配がある場合は、安全性を確認するため、必ず事前に医師や薬剤師など、専門家にご相談ください。

まえがき

超長生き健康法

現在、この本を手にしたみなさんは、すでに様々な健康法、健康になるための食品、健康術、健康学など、健康の文字が躍るノウハウ情報に興味をもたれ、一度はその中の健康法に挑戦したことがあるのではないでしょうか。

今や、日本中のトレーニングジムは高齢者で満杯です。過分な負荷を掛けて元気さと自負心を競い合っているようにみえてしまいます。あまりの人の多さにストレスを感じる人もいるかもしれません。

若い方は若い方で、体を傷めてまで、不自然なダイエットや苦しい筋トレに励み、挫折という二文字を積み上げているのが実情ではないでしょうか。心身ともに国民総不健康時代といっても過言ではありません。

私は決して、とてつもない広告料を払ってテレビで大宣伝を繰り広げている健康、美容、自強（己《おのれ》を強くすること）のための食品、器具、化粧品を批判しているわけではありません。公的に考えても、体の調子が悪ければ、まず真っ先にかかりつけ医を受診し、紹介状を書いてもらい、大学病院で精密検査をする。それに納得できない場合、セカンド・オピニオンの別の病院で診てもらう。自分の体の内面に関心をもたなければ生き残れない社会に突入しています。

私は、若いころから、様々なメンタルアップのための具体的なスキルを研究し、ビジネストレーニングからタイムマネジメント、組織論、スピリチュアルカウンセリング、ヒーリングに至るまで総合的にこの分野をみてまいりました。医師、医学博士、薬剤師の仲間とともに長らく人の心身のあり方についても研究し寄り添ってきました。真っ当な医師には寛大な良心があり、見えない気や、心や霊性といわれてきたものが存在することに気づいている人が意外に多かったりします。現場で診療にあたる医師の手応えとして、人間の免疫力や自己回復力には「猛然とした力」があるということを知っている人が多いのです。プラシーボ（偽薬《ぎやく》）が、信じ込んだり、思い込んだりする先入観によって、病気をより悪くしたり、逆に奇跡的な回復をもたらすことはみなさんもご存じのとおりです。

同時に、苦しい生活習慣病や、様々な心身的痛み、不具合、そこから来る心の辛さや悲しみを背負って生きる医療クライアント（患者、受診者）たちが、心の傷や痛みのことを訴えても、なかなか通じず、クライアントに寄り添えない医療関係者が多いという話もよく聞きます。傷つきながら、行き場を求めている人々の数は、ピークを迎えているとの観測もあります。

何が悪くて、何がよいかという問題ではないのです。そこには、医療とクライアントの間にあるべき基本的なコミュニケーションのピースが、近代の合理主義の発展とともに、欠落していっているのではないかということがうかがわれます。

その欠落を補うためにも、やはり日本人は、日本で暮らしていくうえで必要な「命の健康法」がすでにあることに気づくべきなのです。

健康産業の消費

戦前、戦後の歴史を俯瞰的《ふかんてき》に眺めると、日本人はこの国独特の「命の健康法」について、悪戦苦闘しながらも、長らく真剣に取り組んできたことがわかります。おそらく、これほど多くの健康法を秘めている国家と国民はほかにないでしょう。

そうした秘められた健康法には特徴があります。その方法論の多くが、まず「日常的に簡単にできる」ということです。すなわち、それは無理をしない健康法です。私たちをとり巻く周囲の環境の劇的な変化を思えば、それはなくてはならない健康法でもあります。日々、少しずつできて、健康のために力をたくわえているのだというイメージ（意念）が強くなっていくための方法です。

現在の環境の悪化や劣化は、甚《はなは》だしいものがあります。その一つは自然環境の問題です。雨は酸性が強い酸性雨が多く、雨水を溜めても、その中では魚は長生きできなくなってきました。農業でも、毒性の高い農薬は使わなくなったとされていますが、土に入れる農業肥料のコントロールで野菜は甘くなったのに、何を食べても四六時中、元気が出ないと語る人は非常に多くなっています。カリウム、マグネシウム、ナトリウムなど「ミネラルバランス」に気をつけないといけません。

また、異常な温度変化によって、深いところの海水温と海面に近い海水温に激変が起きて、魚がどんどん海岸に打ち上げられ、生態系が変わってきた、との指摘もあります。動植物全体の生態系に影響が出ているのです。

もっと、単純に考えましょう。

都市部では部屋を冷やすためにエアコンが作動し、室外機がその分、外に暑い空気を放ち続けています。つまり都市の建物すべてが、真夏の都市の、ただでさえ暑い空間を熱風で温め続けているようなものなのです。これは日本だけの問題ではありません。世界中で、環境が激変しているのです。

私が小さいころは、気温が三〇度を超えただけでも大人たちは「暑い、暑い」と叫んでいました。今はそれが四〇度です。光化学スモッグという言葉は最近あまり聞かなくなりましたが、相変わらず、都市部の中心では注意報が発令されてもおかしくない状況だといいます。今は大気汚染も問題でしょうが、われわれの敵は熱中症になったともいえます。

こうした環境の激変は、人々の不安感を掻き立てます。これは当然、多くの国民が健康産業の消費につながるということですし、中にはとんでもない話に飛びつく人もいます。たとえば、髪の毛を食べれば髪の毛が生えてくるというような宣伝が存在します。「この成分をとれば、元気になります、美しくなります」という殺し文句には少し気を付けるべきです。こういう主張には、生体化学を究めた人ほど苦笑するでしょう。老化の難題は、どんなに健康成分を摂取したとしても、それが吸収できない体になっていくところにあるのです。髪の毛を食べれば髪の毛が生えてくるというわけにはいかないのが老化であり、それに気づくことが大切です。根本問題は「元気」の質なのです。

私たちは、私たち個々が自分の心身の王様なのです。

その王であることを意識し、王として責任をもつべきです。悪魔のように細心に、天使のように大胆に、己の体の「命」に集中して、命の泉を「最大限に潤わせる」こと、つまり「元気」の意味と質を知ることが肝要なのではないでしょうか。

目次

第6章　自己像の強化によるイメージ健康法——177

写真・図表／著者提供
編集／永井草二
協力／林　武利
ＤＴＰ／今井明子

気の正体

日本人の命の健康法

第1章

日本に伝承する「食」の健康法

病は「気」から発生する

アトピー性皮膚炎や花粉症に代表されるような、アレルギー性の病気の増加が大きな社会問題になって久しいですが、こうした病気の多くは、いまだにはっきりした「本当の原因」がわかっていないのが現状で、それだけに薬で症状を緩和することができても、完治まではいかないのが実態のようです。

家ダニや花粉、化学物質などは確かにアレルギー性の病気の直接的な要因ではありますが、すべてを説明しているわけではありません。私たちの周りに存在する、「気」なるみえない存在が大きく関係しているのです。「病は気から」という慣用句があるように、病は「気」から発生するといっても過言ではないかもしれません。

では、その「気」とは何でしょうか。道教の教典に「一体人は気中にあり」という言葉があるように、この世に生を受けた人間をとり巻くすべてが「気」であるとみることもできます。人間の気持ち、感情、オーラ、あるいは物が発する性質やエネルギー、その場の雰囲気《ムード》などあらゆるものに気が満ちている。それらを総称して定義するならば、気は「環境を含む第二の身体」であり、「命の真の電池」であるということができるのかもしれません。

車で移動するにも飛行機が飛ぶためにも燃料が必要ですが、命が運ばれる「運命」にも燃料は欠かせません。キリストは「人はパンのみに生きるにあらず」と語ったそうですが、もしそうであるならば、命そのものだってパンのほかにも燃料がいるはず。気は、この運命を動かす原動力、エネルギーの貯蔵庫、つまり「人生の電池」なのです。

それだけに、気の「質」と「量」が非常に重要です。燃料の質が悪かったり、燃料がなくなると、車は思うように走ることができません。それどころか、そのまま放置していると、こわれてしまうでしょう。

気もまったく同じように、使いすぎたり充電するのを忘れてしまったりすると、命が枯れてくる。人生を思いのままに運ぶためにも、気をいい状態に保ち、気を高めてやれば、私たちが本来もっている能力を向上させることが誰にでも可能です。

しかも、気とガソリンが決定的に違うのは、ガソリンはお金を出さないと手に入りませんが、気はまったくの無料。いつでもどこでも誰でも手に入れることができます。

宇宙からも気は降り注いでいますし、窓の外の美しい景色をボーッと眺めるだけでも自然の中から気をとり込めます。究極的には、過去に経験した美しい自然や楽しい出来事を頭の中で思い起こすだけでも気は高まるのです。今までの科学が見落としてきた「生きる幸せ」のエビデンスはここに存在するというのが私の持論です。石油がいつかなくなってしまうのに比べて、気はこの宇宙から無限にとり出すことができます。太陽エネルギーですら、気の比ではありません。無尽蔵に湧き出る至宝の力なのです。これをうまく有効利用しない手はありません。

ところで、「気」というと、中国の気功をすぐイメージする方もいるかもしれませんが、本来、日本の「気」には、中国とはまったく違い、イメージが多様に、豊かに存在します。本書を読み進めるうちに、それはある程度、理解いただけると思います。

気の偏りによって起こるアレルギー

アレルギー以外にも最近、若い人の間で肩こりを訴える人が急増しているという話も聞きますが、こうした現象もその背景には、気の問題が深くかかわっています。結論からいえば、人間が必要以上に敏感になりすぎているのが、原因です。

以前から、こうしたアレルギーは、社会が不安定になると現れるといわれてきました。世の中が不安になると、人間は無意識に不安を克服したいと考えます。この結果として、情報に対する欲求も高まります。しかし、われわれの周りには膨大な量の情報が氾濫《はんらん》していますから、この中から自分の身を守るための、自分にとって有益な情報を取捨選択することがますます大変な作業になってしまったわけです。必然的に、感受性が高まるということになってしまいました。

それ自体は決して悪いことではありませんが、感受性が高まりすぎたために、本来生きていくうえで感じる必要のないもの、たとえば花粉や家ダニ、空気の汚れにまで反応する傾向が出てきました。これがアレルギーなのです。

気に対して過敏になるということは、周囲の人間の感情の抑揚を瞬間的に読みとれることでもあるため、進みすぎると人間関係にストレスを抱えることになりかねません。病気にならないまでも、気を感じる能力に優れているタイプには、とかく人間関係に悩んでいる人が多いのもそのためです。

昔から、「過ぎたるは猶《なお》及ばざるが如《ごと》し」といいますが、つまりは、気を感じる能力が高まりすぎた結果として、こうした病気が増えたのは実に皮肉なことです。

しかし、アレルギーが気を感じる能力の発達しすぎたことが原因であるとわかれば、対処方法もおのずと決まってくるはずです。

気の能力には、俗に「テレパシー」といわれる他人の心の気配を強く感じる能力と、「サイコキネシス」や「テレキネシス」といわれる静電気や物質的エネルギーに影響を与える能力が伝説のように語られてきました。私からすれば、両者は常にバランスをとり合う特性をもっています。出すほうが強くなれば、感じるほうは阻害され、感じるほうが高まれば、出すほうは逆に低下するのです。稀《まれ》に両者が生まれつき同時に発達したオールマイティーの人もいますが、これはもう特異功能者といわれる人たちで、私たちが簡単に目指せるような領域ではありません。

話はそれましたが、要するに、アレルギー性の病気になるということは、気を感じる能力だけが突出してしまっているわけですから、これを抑えるには気を出す訓練をすればいいはずです。

後の章で詳しく説明しますが、一言でいえばリラックスとは何かを知ることと、気を放射する能力を高める目的を明確にすることです。自分は何のために気を得るのか。何のために気を使いたいのか。これをはっきりさせることが第一です。楽しく他人、家族、社会とかかわるためにはどうしたらいいかを考え、行動することを少しずつ進めるのです。

目的もなしにただ単に気を出す能力を高めることは、実は大変危険なことなのです。

私たちの潜在意識は目的達成のためには、あらゆる手段をもってそれを最優先に成し遂げようとします。気を出す能力を高めるのが目的になると、逆にそれだけが発達してしまいます。すると今度は、それがもとで感じる能力が極端に低下することになりかねないのです。

こうした状況を気の世界では「偏差」と呼んでいますが、気のトレーニングを積みすぎたために、別の病気になったのでは、笑い話にもなりません。気を高めるのはあくまでも中間目標であり、最終目標は別に設定することが不可欠です。

昔から「興味本位で気を学んではならない」といわれるのも、こうした不幸を防ぐためなのです。まずは、気を強くする理由、つまり人生の目標を明確にもつことが何より先決です。しかしこれは、俗にいう成功哲学などの中で成功のイメージや目的をはっきりさせれば成功するなどとボンヤリいわれていることとは少し違います。後で詳しく説明しますが、目的とするイメージの中に「今、すでに自分がいる」と信念と実感を持って自然に思い描けるようになるトレーニングを日々行うことが最大の秘密の入口かもしれません。

肉食は念動力を強め、菜食は感受性を高める

食物の話をしましょう。アレルギー性疾患の背景に「気の偏《かたよ》り」があることは少しわかっていただけたと思いますが、この気の偏差のもう一つの原因として、食べ物の影響も見逃すことはできないからです。

もともと人間は、気を出しやすい体質(サイコキネシスタイプ)と、気を受ける能力に優れた体質(テレパシータイプ、日本では巫女《みこ》タイプとか受けやすい人などともいわれる)とに先

天的に分かれます。この特性が食べ物のとり方によって助長されるのです。いい換えると、気のバランスを整えたかったら、一番簡単、かつ効果的な方法が食べ物、すなわち「食の健康法」なのです。

食べ物の分類はさまざまですが、最も基本的な分類に菜食と肉食があります。動物性食品と植物性食品の違いですね。私たち人間はこの両方を食べるわけですが、これは動物の世界でも、とても珍しいケースです。草食動物か、肉食動物か——動物の多くがどちらか一方だけを食べている生態系の中で、人間のずば抜けた特徴ということもできるかもしれません。

人間が健康であるためには両者をバランスよく食べることは、極めて重要なことなのです。逆にいえば、このバランスが崩れると、気のバランスを保つことはできません。

おおまかにいうと、植物性食品に偏ると感受性（テレパシー能力など）が高まり、動物性食品のウエイトが増すと反対に気を出す能力（念動力など）がアップするとされています。菜食主義の人の中にアレルギーで悩んでいる人が多いといわれるのも、そのためです。ですから、こうした人は肉食とのバランスを考えるとよいでしょう。

さらにいえば、同じ植物性食品の中でも、葉っぱ、特に若い芽や植物の繊維、たとえばキャベツやレタスは、感じる能力を高める効果が非常に高い野菜の代表です。反対に、地下茎つまり根菜、それに果実や木の実、豆類は、気を感じる能力に加えて、気を出すほうのパワーも同時に高めるといわれています。アレルギー体質の人で、肉類がどうしても苦手という人は、まずはこの手の食品から始めるのがよいかもしれません。

同じことは動物性食品についても当てはまります。気を出すパワーを強める力が比較的マイルドなのが、魚介類。その次が鶏肉。反対に最も威力が強いのは牛肉や豚肉で、動物性食品の中でも極端に気を出す能力を助長する性質が強い食べ物だといえます。

また、テレパシー能力など感受性の強い人は、ネギ類を非常に嫌う人が多いようです。反対にサイコキネシスなど能動的能力の強いタイプの人は、餃子《ぎょうざ》やニンニクが大好きという傾向があります。昔からニンニクの匂いを嗅いだり食べたりすると魔物が出なくなるとか、ドラキュラに出会わないとかいわれますが、ドラキュラを避けるためにニンニクを食べるのは、ドラキュラが嫌うのではなくて、ニンニクを食べたり、匂いを嗅いだりすると、怪しいモノをみなくなる、感じなくなるからなのです。

つまり、感じる能力を阻害する要因がニンニクの成分の中にあるのです。コーヒーもまた感じる能力を阻害します。紅茶とか日本茶も、適量を超えると阻害する傾向があります。酒は、最初は感じる能力をすごく伸ばしますが、飲みすぎるとこれも能力を阻害します。

当然、食べすぎてもバランスを崩す

古典的な宗教の中でも、ヨガ（ヨガはインドで近代に編集されたコテコテの宗教です。念のため）に代表されるように、直感力を高めたり、感じる能力をアップさせたりすることに主眼を置く宗派の多くが、伝統的に肉食を嫌う傾向にあります。

反対に、非常に熱狂的な祈りの宗教、たとえば祈りで何か目的を成し遂げるような、ある種、能動的な宗教で肉食を拒むものはほとんど見当たりません。これも彼らが、肉食が気を感じる能力を阻害したり、逆に気を出す能力を上げたりすることを経験的に知っているからにほかなりません。

このほかの分類でいえば、糖分の多い食品は気を出す能力を高め、糖分を抑えると感じる能力が上昇します。タンパク質を多くとると出す能力がアップして、タンパク質を減らすと感受性が鋭くなるという法則もあります。

ただ、どのような食品も、大量に食べすぎるのはよくありません。それは偏食につながり、結果として気の偏差を招きます。子供のころ、母親や父親から「ニンジンばかり食べていると顔がニンジンになっちゃうよ」とか「魚ばかり食べていると魚みたいな顔になるぞ」といわれたことがある人がいると思うのですが、それほど極端ではないにしろ、その食品がもっている特性が顕著に表れることは、昔からよくいわれてきました。

したがって、気にとって最良の食事は、少量ずつたくさんの料理が食卓に並んでいることです。その意味で、懐石料理や幕の内弁当などに代表される和食のパターンというのは、気のバランスという点からも、理想的な食形態ということができます。

大切なのは、可能な限り種類を多くとる。そして、一つ一つの量は少なめにすること。食品の数が多くても、結果として摂取量があまり多すぎるのは、育ち盛りの子供以外はあまり感心できません。

体力も精神力も衰えていく時代

食材と調理方法、それに酵素と化学添加物の問題についても触れておきましょう。

まったく調味料をつけずにボイルした肉、あるいは解凍した肉があったとして、それを口に入れればすぐにわかることがあります。臭くて食べられないはずです。特に安い肉は食べられたものではありません。だから、塩味や酸味、濃い味のタレをつけて焼き肉にするわけです。

コンビニの焼き鳥でも、冷やして口に頬張ってみると、噛めば噛むほど臭くて吐き気がするものもあります。肉まんもちょっと臭い場合があります。ひどい場合には、前に中国から輸入して問題になった段ボール入り肉まんのほうが美味しいのではないかと思うこともあります。みりんで調理した段ボールのほうが美味しいというのは、かなり問題です。腐りかけの肉ほどうまいといいますが、あの臭みには耐えられません。食べると具合が悪くなりそうなお弁当が売られていることもあります。

その一方で、大量生産のお弁当しか買えない人が多いという現状があります。彼らは人工調味料の味覚に、慣らされています。当然、コンビニも食材メーカーも頑張っているのでしょうが、もう人々には悪いもの、よいものの区別がつきにくくなっているのではないでしょうか。

このようにいうと、各方面から反発もあると思いますが、これは人類存続にかかわる問題として真剣に突き詰めていく必要があります。反発する人には強くいいたいと思います。本当に国士（日本を愛する人）としてはどう思うのか。あるいは親としてはどうなのか。若者が大学を出たものの奨学金を背負わされて三五歳まで借金の返済に追われ続ける状況では、本当に心配です。体力も精神力もない彼らが、多額の借金を背負わされたら、まともに生き続けられるとは思えません。そう考えただけで、涙が出ます。

事実、私のところに勉強に来る人の中に、コンビニ世代として育った三〇代、四〇代の人たちがいます。この世代が一番道に迷っています。相談の内容を聞くと愕然《がくぜん》とします。体の具合がよくない、世の中が悪い、心が定まらない、やりたいことがわからない、といった相談が多く、こちらがいくら何かを提案してもやろうとしません。計画的に少しずつやろうね、そうしたら少し楽になるでしょ、といくら丁寧に提案しても聞く耳をもたない者が多くなりつつあるのです。背景にあるのは、「気力のなさ」です。気力のない「怖さ」と「迷い」があります。

ところが、気力のない怖さがあるはずなのに、気力とは何かを明確に説明してくれる先生が本当に少ない。学校でも教えないし、事実、今の教師も多くの仕事を背負わされてもがいていて、それどころではないのが実情です。

やる気ぐらいはわかるでしょうが、やる気の元になる「気力とは何か」が教えられない。それを教える人がいないのです。繰り返しになりますが、気は命を動かす原動力であり、その貯蔵庫です。運命を意志によって躍動させるのも気なのです。

生食とカビの問題を克服する

健康になるために食事で問題にしなければいけないのは、カビと菌です。悪いカビと菌を平和裏に殺すために、お酢や七味やワサビがあるわけです。ガリ、生姜《しょうが》もそうです。それらは非常に優秀で、体内に殺菌作用をもたらします。ガリやワサビと一緒に生ものを食べるから、食中りしにくくなるのです。

特に体力が弱っているときは、普通だったら中《あた》らない生ガキ一つでも重篤《じゅうとく》な中毒を起こしたりするものです。

生野菜は置いておくだけでも、ミクロの世界ではすぐにカビだらけになります。だから食べるときには、お酢の入ったドレッシングをかけます。ドレッシングはある意味、殺菌のためです。生野菜にマヨネーズやドレッシングをかけるのはお酢で殺菌しているからです。殺菌をせずに生野菜を食べると、肝臓がカビ毒を殺すために休まず猛烈に働かなくてはならなくなります。これが、疲れる原因の一つになっています。

また、呼吸をするだけでも、空気中にはいろいろ複合的に危険な物質が増えています。一年間に、普通の家庭でカーテンにつく有害物質はとんでもない量になるとの研究もあります。

忘れるなかれ、「酵素は元気の元」

もう一つの大きなポイントは、酵素です。酵素の問題は本当にわかりにくくなっています。ビタミンCが少ないとか、炭水化物の過剰摂取の問題は散々とり上げられていますが、そうしたことは、それぞれの人が気を付ければいい問題です。ところが、酵素は大問題で、こんなにいろいろ買って食べても、元気にならないのはなぜか、という問題とも大きく関係しています。

たとえば、地方に旅行に行って、地元の旬の物を食べると非常に元気になります。脳が働くようになることもあります。実は、その背景には酵素がかかわっているのです。

というのも、都市部の生もの、食べ物はいったん「防腐剤」を通しているようなものなのです。妙にカルキ臭いなと思ったことはないでしょうか。酸化したり、腐ったりしないように何らかの化合物を添加しているからです。たとえば、ウニにはミョウバンを添加します。そうしないと、安全性が保てないからです。厚労省の指導もあり、この三〇年間でそれが推進されました。

しかし、殺菌のためにそれをすると、たとえば四〇度以上で煮たりすると、生ものなのに酵素が死んでしまいます。酵素は熱や変化に弱いのです。本当にとりたての旬のものを食べないと酵素がとれなくなっているのが実情です。酵素は「元気の元」なのに、これでは元も子もありません。

疲れるのは酵素が足りていないからだ、ということがよくあります。まず酵素を認識しなければなりません。

旬の食材に注意を向ければ、朝、サラダボウル一杯分のサラダを食べることがいかに重要であるか気づくわけです。サラダにドレッシングをかけることがいかに大事かもわかるはずです。

さらに、どこかでユッケとか、本当に安全基準がきっちり守られた生肉をしっかり食べる必要があることもわかるわけです。自然界のライオンは、ボイルした肉と生肉を置いたら、ほとんど生肉しか食べません。それはライオンが馬鹿だからではなく、酵素があるものを食べたほうがいいことがわかっているからです。ところが人間は、火を通していない生肉を食べたら腹を壊すという理由で、ボイルしたり焼いたりした肉を食べます。

少量でも酵素がどれだけ人間を元気にするか実験してみるといいでしょう。自然界の動物はみな知っています。人間のほうが馬鹿になったのです。

食材選びの大前提としていえるのは、自然の姿に近いものほど気にはプラスになるということです。そのうえで、覚えておくことは、基本的に、生に近い状態ほど気を感じる能力を増長させ、火を通せばそれだけ弱くなる（気を出す能力は強まる）ということです。肉でいえば、もともと気を出す能力は強くなりますが、火を通すことでますます気を出す能力を高める性質が強調されるというわけです。

ビタミンでも何かと併せてとらなければ吸収されないこともあります。長生きするのに必要だということでビタミンDが最近注目されていますが、ビタミンDはカルシウムと一緒にとらないとうまく吸収されません。実はシイタケと醤油で甘辛く煮込んだ佃煮は、シイタケのビタミンDと小魚のカルシウムと、光り物の亜鉛とがうまく合わさっています。つまり、あれほど素晴らしい食品はないのです。どんなに疲れていても、佃煮を食べれば元気になります。常備薬として冷蔵庫に入れておいて、夜帰ってきて食事を作るのが面倒だったら、ご飯を電子レンジでチンして、甘辛の佃煮をかけて食べるようにすればいいのです。それだけでかなり元気になるはずです。

元気の元である酵素が最後まで活発に残っているのが、発酵食品です。豆腐、麹《こうじ》、納豆、みそ、醤油、玉ねぎなどを使った発酵食品ともいえるソースがそれです。本来は、体にいい酵母、酵素を食べるための食材であり調味料なのです。

それなのに、だんだんと化学的なものを入れるようになり、調味料の本来の意味を失ってしまったのです。最近ではお酒でさえ、工業用アルコールで造っているものがあると聞きます。

お酒でいえば、ボウモアとかオーバンといった本場のスコッチウィスキーを飲んでみるとわかります。そうした「本物」を飲んだ翌朝と、わけのわからない大量生産の安物ウィスキーを飲んだ翌朝では、まったく気分が違います。年齢を重ねてくると、特にそれがわかります。高品質の「白州《はくしゅう》」や「響《ひびき》」を中国人が買って、日本人は低品質で安価な日本酒しか買わないのは残念でなりません。本当に美味しい日本酒は、それだけで元気になります。本物は人間を元気にするのです。

「食材地図」を頭に描く

食事による健康法を実践するにあたって、食材の組み合わせ地図を頭に描けるようにしておくといいでしょう。

食材の中で一番重要なのは、やはり「水」です。いい水とは自分の体に合った水のことです。今は全国、いや世界中の水がペットボトルで簡単にとり寄せられる時代になりました。ペットボトルに発がん物質があるとかいわれていますが、それはそれとして、とにかく

「水」は大事です。ちゃんと選ばなければいけません。

次に大事なのは「酵素」です。先述したように、酵素は四〇度以上でボイルすると破壊されます。ですから、生のものをとらなければなりません。たとえば、ユッケのような生肉の入ったものもあるし、青物の生野菜でもいいのです。

ただし、野菜は白い部分は糖分が多いことに気を付けなければいけません。野菜でも地下茎の根菜類は糖分が多いので要注意です。野菜をとっているから大丈夫というわけでもないのです。特に甘味の強いのはキャベツの芯あたりの白い部分です。ジャガイモやサツマイモ、それに大根も糖分があります。トウモロコシが非常に消化しにくいことも覚えておかなければなりません。

食材はよく、それぞれの流通・販売にかかわる人たちの政治力によって、消費者は振り回されます。結局、「あれがいい」「これがいい」の宣伝に乗ってしまうと、あとで馬鹿をみることになります。糖分の問題にしても、その食材のどこに問題があるのかをいわなくなる傾向があり、体にいいからと食べすぎると、糖分のとりすぎなど栄養が偏ってしまいます。そのほか、果糖コーンシロップが体に悪いとか、トウモロコシは消化しにくいとかも頭に入れておくことです。

一時期、自然食健康法で「玄米がいい」といって玄米食がもてはやされたことがありましたが、そのとき玄米食運動をやっていた人たちは本当に健康でいられたのでしょうか。玄米は消化しにくいのです。玄米にはビタミンB1が含まれていて、確かに基本的には体にいいのです。しかし、玄米をいかに消化によいように加工するかということは、それ以上に重要なことです。

消化しにくいものをずっと食べ続けていたら、長生きできるはずがありません。どうやったらよく炊き上げてふっくらと食べやすくできるかとか、玄米を炊くときに水分を多くしておかゆにできないかとか、あるいは柔らかいもち米に混ぜて食べれば消化がよくなるのではないかとか、いろいろ試してみて、消化がよいように少しずつ摂取しないといけないわけです。そうしないと、体に負担がかかって、健康を害してしまうことにもなりかねません。

米糠《こめぬか》は確かに体にいい面もあります。でもそれだったら、米麹やお味噌をとることによって、摂取することもできます。

バランスのいい健康的な食事

バランスのいい健康的な食事をとる一番のポイントは、まずタンパク質をしっかりとることです。肉と魚は、質のいい旬のものをとる。刺身など生で美味しいものをとる。脂の少ない鶏のササミなどをとる。栄養素の多い鳥皮をとる。こうしたことが大事です。野菜は、よく日に当たった青い部分を食べる。当然、飲み物も、もし水が自由に選ぶことができないなら、ハーブティーにして、とることです。糖分を少なくして、そのうえでビタミンCをとったり、糖の代用物であるところの羅漢果《らかんか》のエキスとか、蜂蜜アレルギーがなければ、ほの甘く薄めた蜂蜜を摂取して、調理バランスをとることが必要です。

果物は体にいいと長く信じられてきました。しかし、果物の果糖もとりすぎるとガン細胞が喜ぶという説もあります。果物はビタミンのバランスがいいですが、糖分が多いという問題点があります。果物は、食後のデザート程度に少量食べるのがおすすめです。ミカンなら一日一個とか、ブドウだったら一回一〇粒程度に抑えるとか、ある程度の上限を決めておくといいでしょう。

それと、果糖をとる場合には、並行してシナモンパウダーの入った紅茶を飲むなど、シナモンをとるのがいいとされています。シナモンには糖分を抑える力があるからです。

野沢菜に制ガン効果があることは、よく知られている事実です。野沢菜をたくさん食べている地域では寿命が長いとの研究報告もあります。ただ、野沢菜も、漬物の野沢菜は塩分が多いので、よく洗って塩分を落とすか、または手に入りづらいかもしれませんが、生の野沢菜を洗ってサラダにして食べるという方法もあるでしょう。

先ほどもいいましたが、酵素は生のものでとれますが、生のものはカビが怖いので要注意です。カビを殺すためのお酢や赤唐辛子を加える。あるいは、マスタードやワサビをつけてカビを殺して食べることです。生のものは一番体にいいのです。しかし、カビの問題があるから、必ず天然の調味料を加えて食べましょう。青物をちゃんととる、糖分を減らす、カビを殺すが基本です。

ほかには、軽度の質のいい油をとることです。いい油とは、ピュアヴァージンオリーブオイルやオメガ3脂肪酸系のオイルで、そうした油をしっかりとることです。またよくいわれることですが、血液の循環の悪い方は、ネギ類、ニンニク、ラッキョウ、納豆、高麗ニンジンが、血行にはいいということです。このような食事の仕方が、多くの方によって異論がない健康法といわれているところであります。

崩れてきた血のバランス

とにかく、いろいろなお医者さんに聞いても、いろいろな健康食品屋さんに聞いても、意見は千差万別です。しかし、しっかりとしたエビデンスがあり、異論のない食事健康法はたくさんあります。それらを見つけ出して、一日一品でも二品でも自分の健康に結びつくものをとるようにしてください。

ここでのポイントは、血のバランスが摂取した食材によって崩れてくるということです。炭水化物と甘いものは、ただでさえ併用摂取は中毒化していきます。だから、これらはなるべく抑えなくてはなりません。

一番怖いのは、炭水化物です。麺やご飯には気を付けることです。適度なお米をとるのがいいのではないかと思います。

たとえば、農水省によると、人間にとって特に不可欠な三大栄養素であるタンパク質（P = Protein）、脂質（F = Fat）、炭水化物（C = Carbohydrate）の食事の中でのそれぞれの摂取カロリーの比率（PFCバランス）は、タンパク質一〇～二〇％、脂質二〇～三〇％、炭水化物五〇～七〇％が健康的な生活を送るための理想であるといいます。その比率を〇・八～一・二％に収まるように数値化したグラフが、次ページのチャートです。

歴史的に見ると、戦後、昭和三五（一九六〇）年くらいまでは、米、麦、雑穀など穀類を主食として大量にとる習慣が続いており、PFCバランスも大きく炭水化物に振れていました。ところが、昭和五五（一九八〇）年ころになると、主食の量がやや減り、副食では主菜の魚、豆腐や、野菜、イモ類などの副菜、汁などの和食が基本となり、そこに肉や乳製品が加わるようになったため、PFCバランスは理想的な比率を示すようになったといいます。

日本のPFCバランスの変化

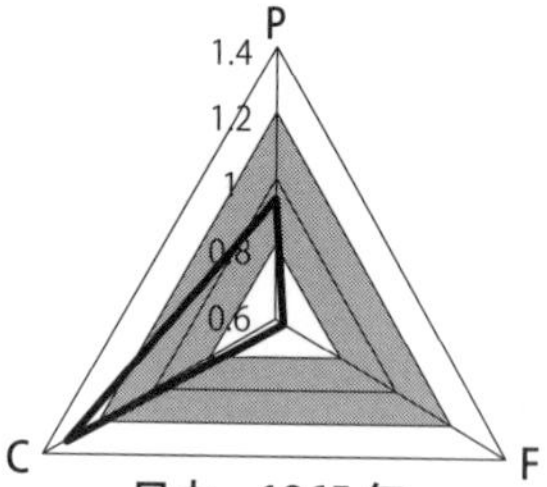

日本・1965年

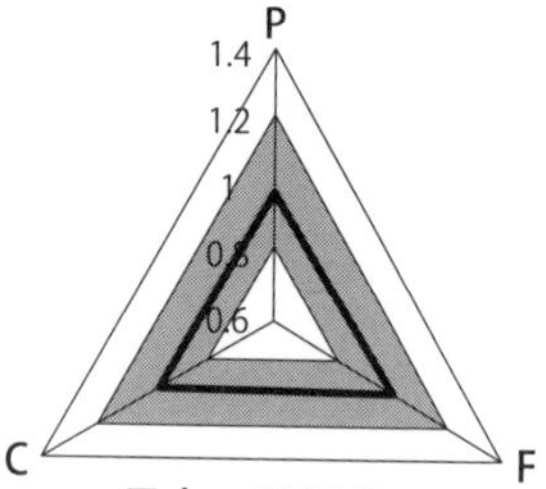

日本・1980年

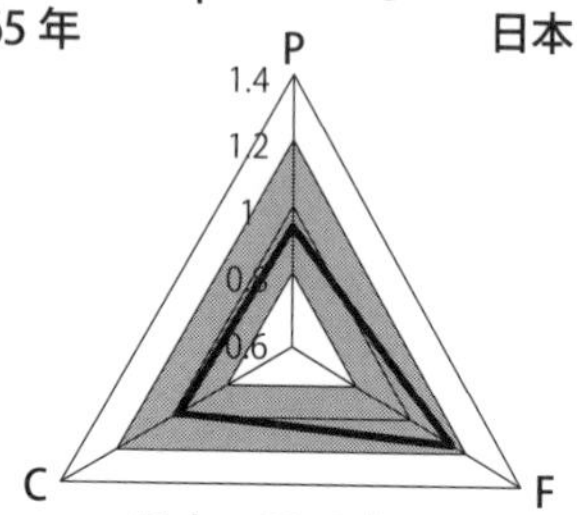

日本・2010年

アメリカとフランスのPFCバランスの変化

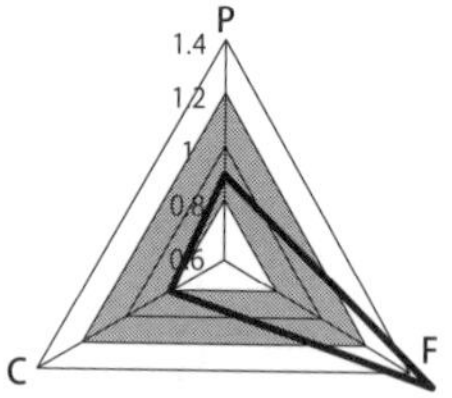

アメリカ
(2005～2007年)

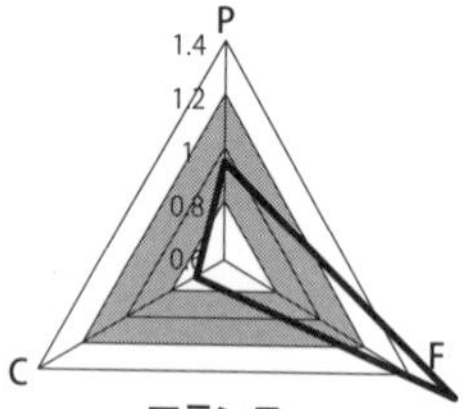

フランス
(2005～2007年)

《バランスが一番良かった食事が、1980年代の日本の和食だった》

※農林水産省『日本人の伝統的な食文化』より抜粋
※FAO Statistics Yearbook（日本のみ食料需給表）参照。栄養バランスが良いとされるP（タンパク質）10～20%、F（脂質）20～30%、C（炭水化物）50～70%の範囲が0.8～1.2に収まるように指数化した。

しかし、その後、外食の日常化や家庭料理の欧米化が進み、油脂や糖分と相性のいいパン食が進むと、脂質が突出する欧米型の歪《いびつ》な三角形に近づいてしまったとのことです。実際、グラフを見ると、アメリカとフランスはかなり脂質が過多になっていることがわかります。

そういうバランス地図（チャート）を頭の中にちゃんと作っておいて、食事をとるようにしてください。そして自分の中のどの気質が激しくなっているのかを自分で分析しながら、栄養面のバランスをとればいいのです。

おさらいをすると、菜食が多くなれば感受能力が強くなり、肉食が多くなれば能動能力が強くなります。感受能力と能動能力の両方に必要なのは、タンパク質とビタミンB群、カルシウム、糖分です。基本的に感情の抑揚を促すものは、少し抑え気味にしたほうがいいでしょう。そうすると、全体的に薄口で自然なうま味のある食べ物ということになると思います。

動物性タンパクと植物性タンパクが等しくあるのが理想でしょう。それから「やや感受能力が突出して強すぎるな」と感じたら、肉類を多めに食べたり、紅茶やコーヒーなどの嗜好《しこう》品《ひん》で、バランスをとることが必要です。

栄養のバランスを考えるなら、貝はビタミンB_{12}が豊富なので、頭の働きをよくするといわれています。魚とか貝は当然、海のモノで塩分が強いですから、要注意です。血行をよくするものと併用してとらなければならないし、食べすぎにも注意することです。

魚をとるときには、血合いもしっかり食べるといいです。魚は、なるべく丸ごと食べるように心がけるべきです。それにはアユやアジがおすすめです。特にコハダ、キスなど光り物と呼ばれている魚の鱗は天然の亜鉛ですから、体にもいいわけです。ヒジキ、昆布、ワカメといった海藻もいいです。特にヒジキをおすすめします。

最終的には、そうしたものをちょっとずつ、バランスよく、小皿でも種類をたくさんとるのが健康によい食事なのです。京都の御番菜《おばんざい》料理のように、少量でもたくさんの種類を食べるのが望ましいわけです。最低でも五色の食材を並べたメニューがあって、小鉢があって、それらを総菜・副食物として少量のご飯で食べる、そして塩分を少し控えめにしたお味噌汁でお腹を支えるのが、最も健康的な食事であり、日本人に一番いい食生活の姿です。

日本人が最近、「体がどうも調子悪い」というのは、かつて日本人が日常的に食べていた食生活がなかなかできなくなってきたということが、背景にあるように思います。

カルシウムは、精神安定の効果が高いといわれています。カルシウムをしっかりとるときは、ビタミンDを併用して摂取しなくていけません。そのためには、シイタケのエキスで甘辛く煮込んだ小魚の佃煮がいいです。ただし糖分がちょっと多いので、食べすぎは禁物です。それでも佃煮を食べると、カルシウムはしっかりと摂取することができます。佃煮はそのことを経験的に知っていた日本人の伝統的な食材ということもできます。

日本の伝統的な食材や食生活が気のバランスを保つのに有効な方法を提示していることをみてきましたが、実は古くから日本に伝わる古伝健康法にもいろいろと学ぶべきものがちりばめられています。というのも、日本の古伝健康法は、簡単にできて、無理をせず、呼吸を整え、体と心を同時に活性化する「命を輝かせる健康法」であったといえるからです。

第2章

明治・大正にみる
日本古来の健康法

十八番の健康法で自信を失った日本人

人間は自分の体に自信をもつ方法を失ったら終わりです。ところが、日本人がどんどんその自信を失っています。どこの病院に行っても、たいていの場合、あそこが悪い、ここが悪いと、悪いところばかり指摘され、ますます落ち込んでいく有り様です。そのことが今、大問題になっています。

それと同時に、具体的な方法論について、何が本当で何が嘘かわからなくなっていることも問題なのです。健康法に関していえば、今や極端な陰謀論で汚染されています。あまりにも健康法がありすぎて、自分がすすめる種類や方法以外の健康法をけなす人もたくさんいます。

それは危険な流れです。逆にきちんとした、日本の医学とか薬学の流れが非常に激しく批判され、そういうモノがダメだという誤った認識が広がってしまっているのが実情です。

最初に覚えておくことは、薬が治してくれる、医療技術が治してくれる健康法は当然あるということです。しかしそれ以上に、元気になりたい、年をとりたくない、病後の回復をしたいと思っている人たちが、自分の手の届かない問題の部分は、信頼できる医療に任せなければならないのにもかかわらず、受けるべき医療を無視して、独りよがりの誤った健康法に頼り切ってしまうことが大きな問題なのです。

先日もある人が、ガンを患ってステージがギリギリなのに、「医者と大喧嘩して手術をさせないことにした」と自慢するように話していました。聞いたらかなりガンが進行し、医者はもう絶対に今すぐに手術をしないと命を救えないと思っていっているのに、「ビタミンCと断糖だけで大丈夫」だといい張ります。それで現状を聞いたら、半年たってガンの部位が倍になっていたそうです。それではもうアウトです。切ってしまった方がいい場合や切らなければいけない時期があるのです。自分の健康法だけに固執《こしつ》してしまうと、このように状況が見えなくなって、判断を誤ります。

私も立場的には、代替《だいたい》療法とか、西洋医学に反して自然療法を推し進めようとする人たちの味方をしたいのですが、多くの人が右往左往《うおうさおう》するばかりで、完全に進むべき道を見失っているようにみえます。

精神世界もそうですが、精神世界を信じすぎていて、後ろから後頭部を殴られるような人たちが多いのも問題です。本当にいい先生というのは、昔から代替医療に関心をもって、総合的に代替医療の技術を探究している人です。たとえば、アーユルベーダを知っていれば、古来日本の健康法も知っていて、かつ「本草綱目」の薬草学や漢方学の本くらいは読んでいるような人です。そうした人は、自分でも実践していて、詳しくわかっているだけでなく、最先端の代替医療もわかっているわけです。最低でも、アーユルベーダ、日本古来の健康法、薬草学、漢方、最先端医療という五つの要素を追究している医者でなければおかしいと思います。一方、西洋医学はそれらを追究してきて今に至っているといっても過言ではありません。

「気功先進国」だったかつての日本

日本の古伝健康法である「命を輝かせる健康法」を復活させなければなりません。ポイントは、呼吸法と、体のどこに意識を置くか、自分の自己像強化、自己説得のためにどのような自己暗示をかけるか、これに尽きます。実は、これを健康法の中心に据えていたのが、明治から大正、昭和初期にかけて活躍していた霊術家と呼ばれる人たちでした。

たとえば、古典的健康法の一つに、船漕ぎ運動がありました。これを推奨し広めたのは、今の近代神道《しんとう》を体系化した川面凡児《かわつらぼんじ》（一八六二〜一九二九）です。船を漕ぐ運動なのですが、体全身をしならせて、背骨のリラクゼーションも図るという非常にいい健康法なのです。

近代神道は、川面神道と筧克彦《かけいかつひこ》（一八七二〜一九六一）の筧神道、それに狭義的には田中《たなか》智学《ちがく》（一八六一～一九三九）の智学流日蓮宗が作ったようなものです。世界を一つの家にするという意味の八紘一宇《はっこういちう》という言葉は田中智学がつくったものです。宮沢賢治を日蓮宗に引き込んだ張本人も田中です。意外と欲がなくて、若いときに満州を歩いて、当時の最先端都市だった満州の見聞を深めています。

旧日本軍は当時、健康法が急務でした。戦場で気力を失った兵隊を何とかして立ち直らせないと大変だったからです。捕まったときに狭い空間に閉じ込められても健康が維持できるにはどうしたらいいかも大問題でした。これは、陸軍中野学校で藤田西湖《ふじたせいこ》（一八九九～一九六六）が教えていました。そうした情報や健康法がたくさん集まっていて、それらが結局終戦後、海外にもち出されて横文字に書き換えられて逆輸入されたといういきさつがあります。

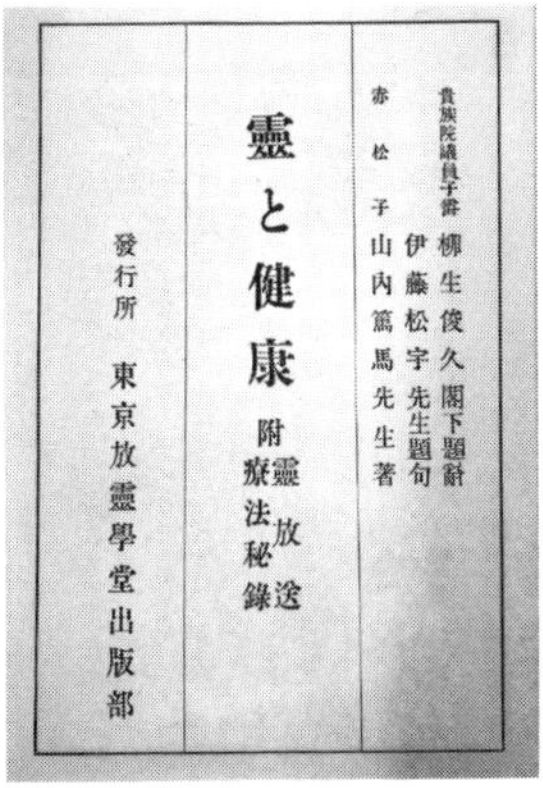
貴族院議員子爵 柳生俊久閣下題辭
伊藤松宇先生題句
赤松子 山内篤馬先生著
靈と健康
附 靈放送療法秘錄
發行所 東京放靈學堂出版部

昭和７（1932）年発行の『霊と健康』

中国に気の概念を普及させた田中守平

戦前の日本の伝統的なノウハウの中には、気力というものがどういうモノかが、ある意味きちんと説明されていました。

現代人は、「気功」などというと中国のお家芸であると考えるかもしれませんが、気の概念は、実は戦前に日本から向こうにもたらされた思想の中にあったケースが多いのです。太《たい》霊道《れいどう》の田中守平《たなかもりへい》（一八八四〜一九二九）が一九一〇〜一九一三年までの間、中国、満州など大陸に渡って巡業した際、現地で気の概念を教えています。中国の気功の実践家たちは、彼らの伝統的、かつ宗教的な武術家のトレーニングに田中の概念をとり入れて、システマティックに教えることができるようになったと私は考えています。

彼らは、気功は中国のモノだといいますが、実は田中が気の概念を体系的に教えているから、現在の気功が誕生したのではないでしょうか。

なぜそういう風にいえるかというと、一九九〇年代に中国に取材に行った際、田中守平に小さいころに教わったという最後の生き残りともいえる、中国気功の政治的推進派である超光老師にインタビューをしたことがあるからです。北京の大きな病院に気功科を設立させた功労者でもあります。

そのとき彼は、「日本人はなぜ、今ごろになって中国の気功を勉強して長生きしようとしているのか。日本人はおかしいよね。われわれは日本人から教わったのだよ。気をどうやったら簡単に教えられるかを。その日本人がついこの間の歴史を忘れて、わざわざ中国に来て、気功は珍しい、気功はすごい、といっている。秋山さんはどう思いますか」という趣旨のことをいわれたのです。

私はそのとき非常に悔しく思ったことを今でもはっきりと覚えています。

私はへりくだって「先生はどのようなことを教えているのですか」と聞いたら、彼は「全身を振動させるだけです」といっていました。つまり、田中守平がいっていた身体を通じて「霊子」を具現化させる「霊動」を実践しただけというわけです。

この田中守平の振動法は、驚くほど治癒率が高かったといわれています。田中は岐阜県の恵那《えな》でこの方法を教えていましたが、あるときマスコミのスパイが潜入取材したことがありました。その結果がどうなったかというと、あまりにも高い治癒率に驚いたそのスパイは結局、田中守平の側近になってしまいました。その側近は海外版の振動法の教科書を一冊作ったほどです。本当に振動するだけで、疾病《しっぺい》が治癒してしまったことが多かったそうです。

その振動健康法が今でも多少残っているのが、金魚運動と呼ばれる全身を金魚が泳ぐときのように左右に揺らす運動です。のちに明治大学の教授になった、西式強健術と触手療法を提唱した西勝造《にしかつぞう》（一八八四〜一九五九）は、田中守平の振動法をもっと簡単にした左右の横運動である金魚運動を広めたのです。

最近では、整体にしろ、カイロプラクティックにしろ、その元祖といわれた山田信一（生没年不詳。無薬療術、山田式整体術）や、松本《まつもと》道別《ちわき》（一八七二〜一九四二年。人体ラジウム療法）とその弟子の野口誠哉らはみな、その時代のノウハウの継承者でした。

一番すごいのは、東大心理学の当時（明治大正期）の機関誌にやたら健康法の広告が掲載されていて、その中心人物だった村上辰午郎（生没年不詳。一八七〇年生まれか）という霊術家は、現役の東大生だったということです。

現在、精神世界をやっている人たちほど、日本にこうした先人がいたことを知りません。これはもったいないことです。人々の心の健康のために霊術を教え、それを広めようとした先達は本当に大勢いたのです。

彼らはどのような霊術や健康法を教えていたのか。明治末期から昭和初期までの約二〇年の間に活躍したとされる霊術家の中で生没年が比較的はっきりしていて、出版物も明確に残っている人を紹介し、こうした運動を展開した霊術家の運動を俯瞰し、分析してみましょう。

催眠の桑原、法力の江間

明治末期に活躍した一番手に挙げられるのは、桑原天然《くわばらてんぜん》（本名・俊郎。一八七三〜一九〇六）です。彼は、日本の霊術と西洋の催眠術の技法を合体させた非常にユニークな人です。転機になったのは、明治三二（一八九九）年。静岡師範学校（現在の静岡大学）で教諭を務めていた桑原は、主に西洋の催眠やオカルティズムにまつわる技法を集めた『魔術ト催眠術』（近藤嘉三著、一八九二年刊）という著作に触れ、その内容を実験したところ、次々に他者催眠に成功し、霊術家に転身したといいます。

彼の死後、明治四三（一九一〇）年に出版された、催眠を主眼に置いた詳細な解説本『精神霊動』（開発社刊）によると、催眠状態にある人間が、透視や金属曲げ（現代のスプーン曲げに類する現象）を発現させたと記録しています。催眠によって、人間が潜在能力を開花させることができることを知った桑原は、催眠術を使って病気を治療することも、神通力をもつこともできるのだと考え、それらを実践していきました。

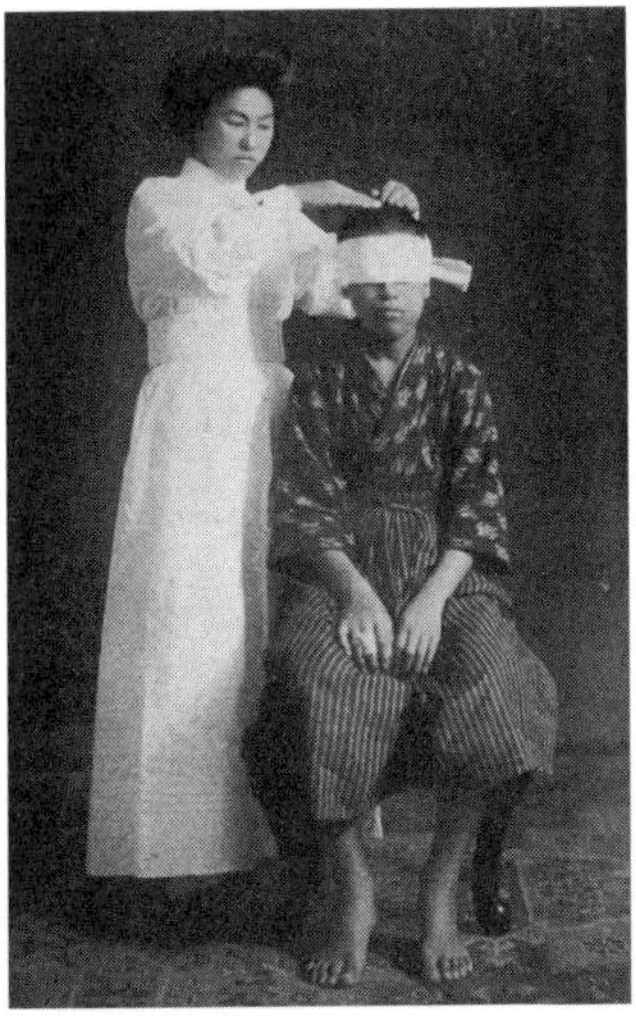

透視実験の様子

文久元（一八六一）年に静岡県磐田郡見附町の町長の息子として生まれた江間《えま》俊《しゅん》一《いち》（一八六一～一九三三）は、江間式心身鍛錬法という独特の健康法を編み出しました。ちなみに、江間の曾孫に俳優・歌手の加山雄三（一九三七～）がおり、孫の小桜葉子（一九一八～一九七〇）は女優として活躍し、かつ美容健康法を教えています。

江間は本来、明治法律学校（のちの明治大学）出身の弁護士であり、東京弁護士会常議員、議長を歴任、政治家としても盛んに活動し、東京市会議員、議長を務め、明治三五（一九〇二）年には第七回衆議院議員総選挙に立憲政友会から出馬して当選。その後も、第一〇回と第一二回の総選挙に当選した、歴《れき》とした政治家でした。江間は、弁護士や政治家であると同時に、多趣味な人として知られ、書や禅画、篆刻《てんこく》、それに柔道や馬術にも長けていました。そうした多趣味の中から生まれたのが、心身鍛錬法という一種の法力術でした。彼は大正七（一九一八）年に政治家を引退すると、『江間式心身鍛錬法』を出版、その普及に力を注ぎました。

彼は自著の中で、決断力（迷わぬ力）と断行力（すぐやる力）が人の能力開発や成功を左右するとしたうえで、「口から細く長くたくさん吸い込んで、臍《へそ》の下へもっていって強く長く膨らます、出すとき鼻の穴から徐々と残りなく出してしまうのである、これを行うと体内の気が替わる、血も循環して、肉体も大変に健全になるが、意思が強くなって非常に断行力が鋭くなる」と述べ、考える力と行動する力をともに伸ばすには、口から吸って鼻から出す腹式呼吸法が必要であると説いています。その著作や残された資料によると、江間は「気合をもって不治難病を即治した」と記されています。

一世を風靡した岡田式呼吸静坐法

同じく、独特の呼吸法を生み出したのは、岡田虎二郎（一八七二～一九二〇）です。愛知県渥美郡田原町の士族の次男として生まれた岡田は、早産であったらしく、虚弱体質だったようですが、一三、四歳のときに一種の霊感を受け、身も心も変化し、心身の改造に乗り出したといいます。一六歳で高等小学校を卒業後、農業に興味をもち、独自の害虫駆除法を開発するなど農業改良を積極的に進めました。心身の改良と農業の改良を並行して進めたわけです。

明治三八（一九〇五）年に欧米から帰国後、東京で心身病弱者を救済する活動を始め、大正元（一九一二）年には『岡田式呼吸静坐法』を出版しています。

この呼吸静坐法は、極めてシンプルな行法で、一般的な静座姿勢をとりながら、独特な呼吸法を行います。その呼吸法とは、まず息を吐きながら腹を張って力をいれます。次に二分《にぶ》くらいの息を肺に残して、お腹の力を弱め、鼻から息を吸います。つまり、息を吸いながら腹を膨らませ、息を吐きながら腹を引くという一般的な腹式呼吸法とは真反対のことをやるわけです。

岡田がどのような経緯で、この方法を思い立ったのかはわかりませんが、この単純な繰り返しが、腹の霊的な力、すなわち丹田力を強化蓄積させ、強健や癒しが確保できると説きました。

岡田の静座法は瞬く間に大好評となり、最盛期には一週間になんと七七か所で静座会を開催していました。一日平均だと一一か所です。当時の静座会開催一覧表のリストを見ると、安田家、岩崎家、細川家、前田家、鍋島家、相馬家といった錚々《そうそう》たる名家が並んでいます。特に東伏見宮中でも静座会が開催されていることは、当時の岡田人脈がいかに社会的に信用を得ていたかがうかがえます。

ただし、皮肉なことに、強健法を説き、腹の力の強化を説いた岡田でしたが、あまりの過労から、大正九（一九二〇）年、四八歳の若さで逝去しています。

霊子の振動で病を治す太霊道

前出の田中守平は、岐阜県恵那郡武並村大字竹折で田中虎之介の三男として生まれました。田中の家はこの土地代々の豪族で庄屋としてもならしましたが、守平が生まれたころには、屋敷は残っていたものの、赤貧状態でした。本人は八歳のころからうつ状態となり、通学以外は自室にこもって一人で過ごすことが多かったといいます。しかし、子供のころから特殊な能力を発揮し、濃尾地震や日清戦争を予言したという話も伝わっています。

彼は高等小学校を卒業後、しばらく小学校の助教員として働きましたが、明治三三（一九〇〇）年に上京、大蔵省造幣局に勤務しながら東京外国語大学の別科に通いました。そのころ、忠君愛国青年であった田中は、大変な事件を起こします。明治三六（一九〇三）年一一月一九日午後三時半ごろ、天皇が桜田門から皇居に入ろうとしたとき、ロシアへの強攻策を進言した上奏文を携え、天皇に近づき、天皇に直訴したのです。田中はすぐに警察にとり押さえられ、麹町署に連行されました。

ところが、当時の対露強攻策は国民感情に添うものであったし、品行方正な苦学生であった田中に対して、当時の新聞は同情的に書きました。一一月二〇日付け「萬朝報《よろずちょうほう》」では、田中は精神病者にあらず、熱血漢であると賞賛されました。最終的に警察は、田中守平は誇大妄想狂と診断したと発表。守平は、兄の倉二郎に連れられて故郷に帰り、自宅裏手の山中に籠り、毎日を送ることになりました。

田中に転機が訪れたのは、明治三八（一九〇五）年でした。故郷の恵那山で霊的体験をして霊術家として開眼したというのです。それによって、呼吸法や手かざし、さらには霊子板と称する霊能開発器具を考案、その独特の霊法を明治四三（一九一〇）年に「太霊道真典」

なる教材にまとめ、以後、霊術家として初めて中国、朝鮮、満州、蒙古などを巡業、大正二（一九一三）年に帰国したときには、大々的に新聞報道されたといいます。

その勢いに乗って、大正五（一九一六）年には東京に太霊道本院を開設、さらに大正九（一九二〇）年には故郷の武並村に恵那山大本院の名で洋館風の巨大施設を造営しました。

田中守平の霊術は、太霊という宇宙根本の大主元と、自らの思考や直感力をともに使って、守平の言葉を借りれば、ただやみくもに信じるのではなく、『理信』することによって発動するのだといいます。太霊は意思をもった神というよりも、物質的宇宙の根本原因で、それと一体化することによって、太霊から発する極めて物質的な霊子の潜動を具現化することができるというのです。

具体的な方法としては、座して手を合わせ、自然に手が震えてくるのをひたすら待ちます。震えを感じたら、その震えを拡大させることに心を委《ゆだ》ねます。すると、あたかもコックリさんのように体が勝手に動き、霊動が現れます。その霊動は身の周りの空間に霊的な力として働くため、霊能が発露し、疾病の治療が行えるのだと説きました。

異色、多彩な霊術家たち

甲賀流忍術一四世を名乗り、忍術家、武術家として強健術を主唱した変わり種が、藤田西湖です。本名は藤田勇次。警視庁刑事で和田伊賀守の子孫である藤田森之助の次男として一八九九年に生まれました。出生地は伊豆大島とされています。

藤田の強健術は、心理学的強健術とも呼べるもので、たとえば、印を結ぶことによって自分の精神を統一し、「我必ず勝ち得る」という信念を作り上げる。そうすれば、万事休すという切羽詰《せっぱつ》まった際にも、神気動乱せず、活路を開くことができるのだと説きました。

陸軍中野学校の創設準備段階から参加。武術から諜報術、武器の扱い方、精神統一法まで教えたとされています。教え子には、世界真光文明教団および崇教真光の初代教え主の岡田光玉や戦後の日本におけるヨガの草分け的指導者となった沖正弘、それに霊術家、自己啓発思想家として知られる中村天風らがいます。

服役中の寒さの苦痛から健康法を案出したとされる松本道別（一八七二～一九四二）も、異色の霊術家です。松本は明治五（一八七二）年、伊勢に生まれました。叔父は伊勢神宮の神官であったといわれています。三重県立中学に入学しましたが、一時期自由民権運動に関わり、並行して仏教の修行を思い立ち、京都相国寺に入ったこともあるという変わりぶりです。

東京専門学校（現在の早稲田大学）に進み、一八九〇年代の後期ごろ、婦人雑誌の記者となります。明治三八（一九〇五）年、日露講和条約に反対して猛烈な運動を起こしたとされ、また、東京市電焼き討ち事件を起こし、主犯として服役しました。刑務所での受刑囚生活は過酷で、その最中に健康法を考案したというわけです。

松本は、インド哲学のプラーナ（宇宙にみなぎる生命力としての気）にあたるものを「人体ラジウム」「人体放射能」と呼ぶことにして、人間は実際に放射能のように周囲にその気を放射していると考えました。そして人間が放射する「人体ラジウム」を呼吸法、霊動法、気合法に応用すれば、治療や健康に役立てることができると説きました。

念写や透視ができる超能力者として知られた三田光一（一八八五〜一九四三）も、呼吸法を中心とした精神統一法を提唱する霊術家でした。

三田は宮城県気仙沼《けせんぬま》市の生まれで、幼少時より詭弁《きべん》をもてあそんだり、不思議な現象を出現させたりしたため、「天狗小僧」と呼ばれたといいます。行商を行っていた一〇代のころには手品をマスターして客を喜ばせ、行商をやめて上京した二〇代には、「洗心会」という精神修養団体を結成するなどして職業霊媒師のような仕事をしていたといいます。

その特異な能力を東京帝国大学助教授の福来友吉（一八六九〜一九五二）に見出され、超能力者として数々の実験に参加しました。様々な批判も絶えませんでしたが、多くの実験で念写や透視に成功したとされています。

三田は昭和七（一九三二）年に唯一の著作『霊観』を発表、第二九代内閣総理大臣の犬養毅（一八五五〜一九三二）が題字を寄せています。この本で明らかにされた精神統一法は、三田自身が明治三九（一九〇六）年に肺結核に冒された際、不治の病と宣言されたにもかかわらず、調息呼吸法と自己暗示法によって克服した体験がもとになっているといいます。

それによると、三田の行法は単純明快で、まず鼻から息を急速に吸い入れて胸を膨らまし、同時に腹をくぼませます。一、二秒間経ってから、鼻から息を太く、かつ強く急激に出すとともに、「ウン」と発声して下腹を激しく押し出して膨らませます。これを繰り返し、約二分間、四〇回程度行えばいいということです。それを座った状態や胡坐《あぐら》をかいた状態、椅子に座った状態、立った状態、仰臥《ぎょうが》した状態など、つまりは生活のあらゆるシーンで気軽に行うことを推奨しています。

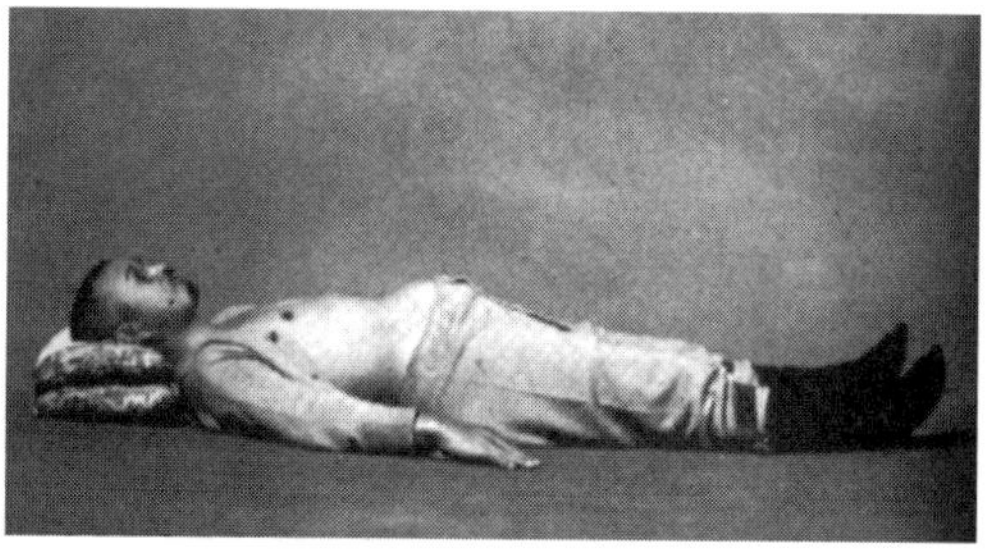

仰臥した状態での腹満（三田光一本人）

神職から霊術家として治療界に転じた人もいます。出雲大社、日吉神社、霧島神社の神職を歴任した宮永雄太郎（一八七三〜一九二二）です。

宮永は、明治六（一八七三）年、宮崎県東諸県群国富町に生まれました。明治三三（一九〇〇）年に、第一回神職講習会（皇典研究所、現在の国学院大学）を修了。神職に就き、大正三（一九一四）年には権大講義にまで出世しました。ところが、同年に突如として故郷の宮崎に隠居、そこで神術や占術を中心とした霊術の施業に専念するようになったのです。

その霊術の特徴は、術法が人間個人の完結した能力などではなく、あくまでも古伝神道的な神に関わることによって発揮されるとしていることです。大正一一（一九二二）年に彼が著した『神伝秘法禁厭祈禱宝鑑』では、「禁厭（きんよう・きんえん：病気や災害を防ぐまじない）は神に代《よ》りての救済術にて祈禱は神に縋《すが》りての請願法なり」として、大己貴命神伝八剣禁厭法、少彦名命神伝苦手禁厭法、出雲神伝方除祈禱法など神道における様々な神々から伝えられたとする禁厭法を列挙しています。

宮永は、禁厭法は個人、集団、自他、物質というあらゆる人間社会の存在に対して影響を与えるものだとして、科学や医術とも「轡《くつわ》を相並べて、治療界を奔走すべきものである」と主張しました。

ユニークな職業では、歌人として霊術家になった人もいます。二〇世紀日本人名事典にも掲載されている歌人の森田義郎（一八七八～一九四〇）です。

森田は、明治一一（一八七八）年、愛媛県周布郡新屋敷村（現在の西条市小松町）の生まれ。二〇歳で上京し、国学院大学に入ります。正岡子規に短歌を学び、根岸短歌会の門人となります。のちに右翼政治運動にもかかわり、日本主義の歌人として評価されました。万葉風の歌を得意とし、論客としても知られたといいます。

歌人として知られた森田には、もう一つの顔、すなわち霊術家としての側面がありました。それが広く知られるようになったのは、大正七（一九一八）年から翌年にかけて版を重ねて出版された『調精術』というテキストでした。

この中で森田は、彼の主張する調精術は精神療法ではないと断言しています。なぜなら、催眠術や催眠療法は、施術者と被施術者の意思の合同、もしくは暗示を必須条件としますが、調精術は人体の一種の力を培養したものだからだといいます。これについて森田は「療法としては物理的であって、精神力ではない。医術もなお幾分の精神作用を伴うものであるが、調精術は全然被施術者の意思を無視して功績をあげうる。これが従来のあらゆる療法と相違している点である」と述べています。

森田はこの物理的な力の根本を「精」として、それを強化するための腹力の向上法、気食法、行水法、内観法などを紹介し、この調精術が具体的な病気だけでなく、禁酒、禁煙に至るまで応用が可能であると説いたのです。

スピリチュアル・ヒーリングの元祖、水原實

神秘主義的東洋思想と西洋思想をミックスして、明治の日本のオカルトをリードした霊的な指導者の一人が、スピリチュアル・ヒーリングの元祖といえる水原實《みずはらみのる》（?～一九〇九）です。「オカルトの元祖」であるともいえます。彼は霊能者というよりも、明治二二（一八八九）年に「水原産婆学校」という日本初の産婆の学校を創設した医師として知られています。彼の家系からは、水原秋櫻子《みずはらしゅうおうし》（一八九二～一九八一）という有名な俳人が出ており、秋櫻子自身も産科医でした。

水原實は幕末の西洋医学所で、江戸幕府が安政四（一八五七）年に招いた最初の外国人医学教師である、オランダの医師ポンペ（一八二九～一九〇八年）に師事してオランダ医学を学び、明治維新後、陸軍軍医となりました。彼は西洋の医学のいいところと、東洋の医学のいいところをとり入れて、独自のスタイルのヒーリングを編み出したのです。今日から見ると奇妙にも感じられますが、気の流れをよくする特殊な摩擦の方法や、神々への参拝の仕方

や心構えを健康法の一環として教えました。

水原は明治三二（一八九九）年に出版した『信天養生術』の序文で、「西洋医法の輸入せるは、全く至愛なる御祖神の神慮に外ならざるを。故に神意良能の臣僕たる医師は、公平の心を以って、取捨すべき事多きを思う。約言すれば、東洋隋神信天の仁術に基づきて、古法をとり、進修無き固執の癖を捨て、西洋人智の実試研学をとり、営利の欲を捨てるべきなり。方今西洋の実試学説は、最も撰用すべき事多し。然れども人智を以って天理を測定する事なれば、所謂《いわゆる》針の耳より天のぞくの諺《ことわざ》の如きものなり（編注：一部現代文に手直し）」と述べています。つまり、西洋医学の到来は神の配慮であり、毛嫌いも盲信もせずに、ただ謙虚に双方のいいところをとり入れるべきだと論じているのです。

実際にその本の中身を読むと、西洋医学では血行をよくするという説明だけで片づけてしまいがちな摩擦の方法を、朝は東に、昼は南、夕方は西、夜は北に向かって座して行うべきだとしたうえで、体全身の摩擦術を摩擦の方向や方法を含め、イラスト付きで微に入り細を穿《うが》つように説明しています（次ページの図）。さらに、ところどころに西洋的な体操の要素をとり入れながら、独自の養生法を展開しています。

面白いのは、西洋医学をとり入れつつも、父母と仲良くせよとか、罪穢れを祓えといった東洋的な思想をそのまま採用していることです。宗教に関しても、造化三神を拝むべきだと

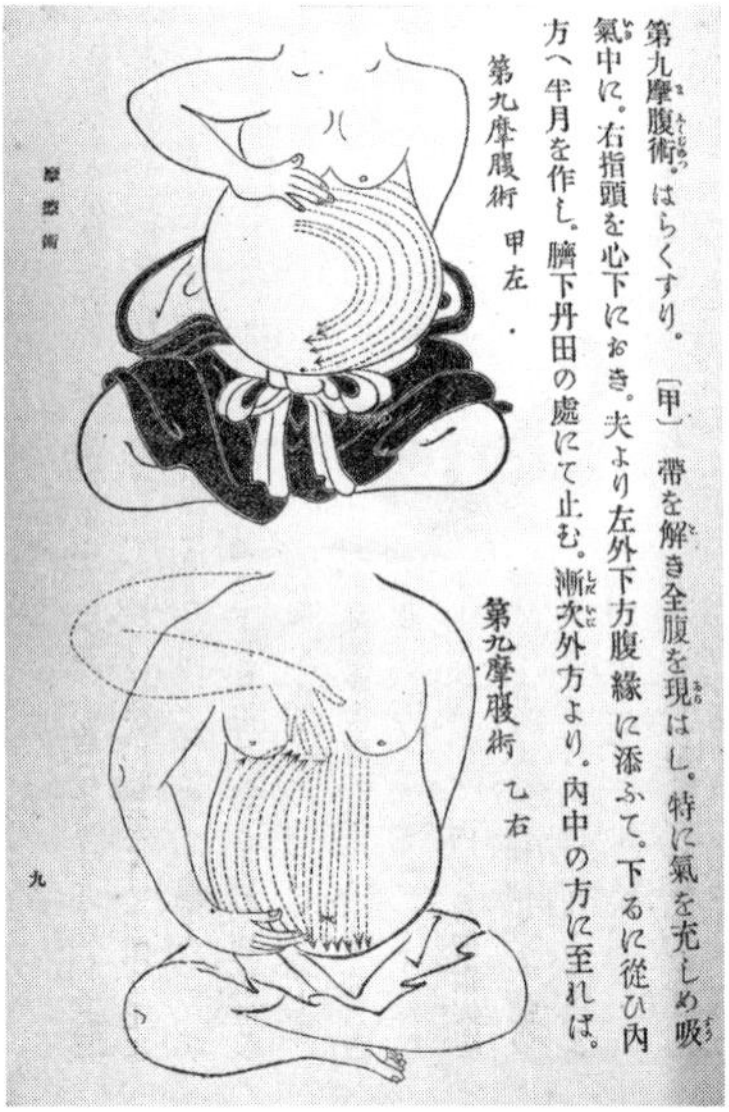

『信天養生術』明治32（1899）年出版

主張する一方、同教者や同種族を偏愛し、異教徒を罵る西洋的な宗教を厳に戒めています。信天養生術とは、まさに日本の神（天）を信じながら養生する方法なのです。

要は西洋の説明法をとり入れるが、この世界には見えない、神とつながる「気」が漂っていて、それが人間の健康と関係している。だから、医学の道を進むに当たって、その関係性を忘れてはならないといっているわけです。

この水原に代表されるように、明治期においては日本の伝統的なオカルト文化を維持しつつも、抵抗なく西洋医学や西洋流の説明術を受け入れていた実態が浮かび上がってきます。

近代整体の元祖・松本道別、身体振動法、金魚運動の源流となった身体活性術の元祖・田中守平、総合健康術の分析を進めた学術的健康法の近代の祖・西勝造、日本的カイロプラクティックの道を開いた山田信一、暗示（プラシーボ）とイメージを自己像強化に結び付けた桑原天然、東大で催眠と自己強化のための注意術を提唱した村上辰午郎など、このように明治、大正、昭和にかけて古伝健康法に基づいて活躍した霊術家は枚挙にいとまがありません。

昭和三（一九二八）年に初版された『霊術と霊術家』（霊界廓清同志会編）には、村上辰午郎らが評論を加えたとされている当時の霊術家評が紹介されています。彼らが当時、どのような霊術の方法論を唱え、霊術家の連合体ともいえる霊界廓清同志会がどのようにそれぞれの霊術家を、ある意味客観的に評価したのか、次の章で詳しく見ていきましょう。

●代表的な霊術家とその著作・出版年

江間俊一（1861〜1933）『江間式心身鍛錬法』大正7（1918）年
岡田虎二郎（1872〜1920）『岡田式呼吸静坐法』大正元（1912）年
桑原天然（1873〜1906）『精神霊動・全』明治43（1910）年
田中守平（1884〜1929）『太霊動及霊子術講授録』大正5（1916）年
藤田西湖（1899〜1966）『法力行り方図解』（本名の藤田勇で出版）昭和3（1928）年
松本道別（1872〜1942）『霊学講座』昭和3（1928）年
三田光一（1885〜1943）『霊観』（本名の三田善靖で出版）昭和7（1932）年
宮永雄太郎（1873〜1922）『新撰神道祈祷全書』大正3（1914）年
森田義郎（1878〜1940）『調精術』大正7（1918）年

●代表的な霊術家と霊術の本源的モデルおよび主な施術方法

〔氏名〕	〔霊術の本源的モデル〕	〔主な施術方法〕
江間俊一	法力	腹式呼吸、静座、気合
岡田虎二郎	腹の力（丹田力）	静座法、呼吸法
桑原天然	不可知な宇宙の観念、宇宙我	催眠誘導
田中守平	太霊	太霊より発する霊子との感応（霊動的身体振動）
藤田西湖	神通力	忍術、武術
松本道別	人体放射能（人体ラジウム）	呼吸法、霊動法、気合法、催眠法
三田光一	大気	調身、調息法、神呼吸法、精神統一法
宮永雄太郎	神道的神々	気吹術（呼吸法）を含む禁厭、祈禱、神占
森田義郎	精	内視、腹力強化、行水、心身脱落

第3章

歴史にみる
霊術の達人たちの光と影

明治から昭和初期の傑出した五七人の霊術家

まずは、昭和三（一九二八）年出版の『霊術と霊術家　破邪顕正』（編：霊界廓清同志会、発行：二松堂書店）による当時の霊術家評から抜粋し、その要旨をご紹介しましょう。村上辰午郎ら霊界廓清同志会は、当時七万人以上いたという霊術家の中から「真に傑出した霊術家五七人」を選んでいます。

今でも評価が高い人もいるし、優秀な技能を持っていたのに今では名前すら残っていない人もいます。世相と合致するかという問題もあれば、一つ一つその評価を見ながら、その良し悪しを見ていくことにしましょう。ただし、当時の文章の中では辛口に評されていても、のちに見直された方もいるので、一つの目安にしてください。

1　中村天風　統一哲医学会長（東京・本郷）

心霊界新人の第一人者。稀に見る雄弁家で、上流階級に信任がある。後にビジネス哲学で有名になる。当時は霊術を哲醫（医）学と名付けた霊術家だった。富者の喜捨は受けるが、教授治療は一切無料。

父親は中村祐興という滋賀県の県令（県の長官）で、のちに紙幣用紙改良の功で、錦鶏《きんけいの》間祇候《ましこう》（勅任官を五年以上務めた者、および勲三等以上の者のうち特に功労のある者に与えられた資格）となった。

天風はその長男で、非常に秀才だったという。欧米に遊学し帰国後は実業界に入り、一〇社余りの重役となったこともあった。しかし霊術に天分があったことから大正二（一九一三）年六月に実業界を退き、心霊方面から世道人心《せどうじんしん》を救済すべく統一哲医学会を起こした。これは頭山満や大迫大将らが組織した大日本救世団の姉妹団体というべきものでもあった。その目指すところは、国民の心身を改造することによって病苦煩悶から解脱せしめ、危険思想についても精神的に救治することであった。

学説の一部を紹介しよう。

「吾ら人間は階級的心、差別的心を持っている。しかし、心を持っていることは知っていても、階級的差別的心を持っていることに気づいている者は少ない。そして心とは我々が日常使っている心を、心の全部と心得ているが、これすなわち階級的心、差別的心であって、本当の心というのはもっともっと遠い奥があり広さもあるのである。これを適当に訓練し啓発すれば、驚異に値するほど偉大な力や働きを発現し、真に人生を恵まれた幸福の

ものにする。人はこの心の持つ天来の妙能を自覚していない。人間には自己の本質すなわち真我という貴いものがある。心はその真我の命令を遂行する機関に過ぎない。そしてやはり真我の付属物である肉体に対する支配者の役目を行うモノである。（中略）人生苦なるものは、九分九厘《くぶくりん》まで心を真我の付属物として行使することを知らず、反対にこれに使われていることから起こるものである。そうであるならば、一日も早く心の操縦法すなわち心をいかに訓練し、いかに誘導啓発すべきか、ということを学ぶ必要がある。而《しか》して雄大にして荘厳なる人生を形成する尊い境涯に活き得るようにしなければならない」

天風は、大正一三（一九二四）年一二月一八日と同一四（一九二五）年一月一五、一六、一七日との二回において、小松輝久候邸に出向いて、皇族各宮の御前で精神療法について講演をした。日本の精神療法家・霊術家で皇族各宮の御前で講演したのは、彼が最初ではないかと思う。

2　松本道別　人体ラジウム学会長（東京・淀橋）

人体放射能療法を確立。人格高潔、霊界の巨人にして元老ともいえる。獄中の三年間に生物学と進化論を研究。出獄後、鳥獣でも野菜でも魚でも生食を主体にして暮らしたところ、強健な体になった。不透明な水晶を一日中ふいて透明に変じたことから、人体内に「ラジウム放射線」と同一の作用があって、それが生命の根元であると達観した。霊術界には偽君子《にせくんし》が多いが、彼は正直者で純真、瓦礫《がれき》の中の珠玉《しゅぎょく》である。

3―村上辰午郎　東京心霊研究会長（東京・麴町）

東京帝国大学で心理学を勉強、明治三八（一九〇五）年ごろから、医学博士遠山椿吉、文学博士福来友吉と共に時々各地にて、催眠術に関する講演会を開催、催眠術を実地に行った。これにより催眠術の名声は高まり、普及に貢献した。最高の催眠術を注意術と呼んだ。

4―別所彰善　精常院院長（大阪市唐物町）

立派な医学士。医学者は病気だけを研究して、肝心の病人個人の性質、気質、体癖、性格の研究を怠っているとして、病人の個性に応じた精神療法を導入。患者は手術などの通常の医術で治る者には医術を施し、医術では治らぬとみた者は精神療法で治した。その世界の第一人者。

5―清水英範（芳洲）　修霊教化団長（東京・本郷）

人格と技量に優れた催眠術の第一人者。清水式精神統一法は現代化した禅といえる。明治四二（一九〇九）年ごろ「東京心理協会」を設立。当時奇術扱いされていた催眠術を疾病治療や悪癖治療に応用し、催眠術の名声をとり戻した。機関誌『精神統一』を主幹し、個々独立した霊術家を団結させる役割を果たした。温厚篤実《とくじつ》の人格者。

6――栗原貞吉　学業之心源研究所長（広島市）

手指を頭部に当て、精気の放射で難病や職業病、学生病を迅速に根治する精神療術「疾患予防救治療法」を創案。実際に成果を挙げ、大正一四（一九二五）年一〇月ごろの大阪毎日新聞などに「八幡製鉄所職工特有職業病即治法の発明者」として紹介された。

7――片桐正雄　健寿修養会主（大分県別府市）

京都で血気活動圓通法、簡易操練養健法などを教授、治療を行い評判となった。京都日の出新聞の社員だけに筆が立ち、一〇あまりの著作がある。別府に引っ越した。

8――横井無隣　内観寮学長（東京・牛込）

霊術家にして詩人、詩人にして哲学者。催眠術の古参で、筆が立ち、弁舌にも長じ、才物として衆人から認められていた。自己治療するときも、他人を治療するときも、自分を神仏であると自信をもって観じて初めて偉大なる力が顕現することができると説いた。

9　江間俊一　東洋人道教会長（東京・小石川）

江間式心身鍛錬法の創始者。霊術を今日の域に進ましめた最も功労のある恩人。判断力を養成するために静座して、断行力を強健にするために腹式呼吸をし、無病長寿たらしめるために精神を緊張させる。これは人道教育であり、自己の利益になるだけでなく、社会国家の利益にもなると説いた。

10　溝田象堂　修霊道主大教正（静岡県掛川町）

地方に居ながらにして全国的に認められている霊術家。人物は確かであり、技量秀抜。明治二七（一八九四）年生まれ。浜松師範学校を出て早稲田大学高等師範国漢科に学んだが、在学中に病魔に冒されて中退。五年間療養生活を送っている間に霊的研究を志し、病気が快復に向かうと、遠州秋葉山奥不動尊堂に籠って心身修養し、行者から鎮魂鬼神、神占い、祈禱などの諸法を伝授してもらったという。大正九（一九二〇）年に大日本修霊会を創立。山師撲滅、心霊研究病者救済を旗印として、心霊界の革新を図った。

11　内田素斎　太融会会長（東京・小石川）

治病術、精神療法、治心術の三種にわけて施術し、基本的には本人自身の精神力によって病を治し、心を治す道案内をした。

12　藤田霊斎　調和道協会会長（東京・芝）

霊術界の古参。根本的に体質と性質とを改善し、徹底的に心身の健全なる真の人格者を養成するように努め、息腹心調和法を創始した。本人は霊術家ではないと称している。後に大隈重信と一〇〇歳会を結成し、長寿論を展開した。

13　藤田西湖　修霊鍛身会会長（東京・本郷）

甲賀流の忍術から、体のいたるところに針を刺す刺針術まで多芸多才の霊術家。あらゆる霊術法術に精通しなんでも巧みなことでは日本一であろう。特に透視と読心術に長けている。大正時代に霊術家や精神療法家をとり締まる法律が出るとか出ないとか騒いでいた時、迷信を打破し、真の修養宣伝や荒実験をやりながら警視庁をはじめ都下の各警察署や憲兵隊を巡回、霊術家や霊術界に対する理解に一役買った。

14――川上又次　日本心象学会長（東京・上野桜木町）

霊気療法一点張りの実直な霊術家だが、無痛分娩法の主唱者でもある。しかし、霊気療法だけでは安産とならないケースがあるので、注意が必要。評判はよい。

15――若林祥眞　霊肉統一普及団長（愛媛県八幡浜）

純真な信仰の所持者で、人品骨柄《じんぴんこつがら》ともに四国を代表する霊術家。仏教の信仰を中心としつつも、潜在精神の霊妙なる作用を体得し、それを現世の衆生を救うことに使うよう説いた。

16――阿部尹洲　国民修霊会長中教正（東京・下谷）

清水英範門下の逸材。清水から独立の許可を得て国民修霊会を作った。

17――木村天眞　大日本病原研究所長（鹿児島市）

九州における精神療法の先駆。病気が何から起こるかを徹底的に追究したところ、「病気は内観的方面の不整頓に構成される」と考えるに至った。そこでまず、病原は患者の執着心にあるとみなし、これを信仰に移し、囚《とら》われの精神を発露させる。すると信仰が旺盛になれば霊動が起こり、患者は無我になり遠慮なく答えるようになる。最後は囚われの精神を解放することによって病気は平癒すると主張した。

18　渡辺照隆　古道修霊学会長中教正（福島県郡山市）

治療するうえで独特の技術を有し、その地方ではかなり評判がいい。古峰神社の神官で、信仰から霊能を得たという。妻・リン子も神告透視の霊能者で、郡山市に住むリン子の母も同様な霊能者という霊能一家である。神告透視は、神を念じるとたちまち霊動を起こし、何事も即座に告げることができる能力。行方不明者探しや遺失物探しに関しては、妻のほうが依頼は多かったという。

19　岩田篤之介　本能会本部長（東京・牛込）

大阪商高出身でしばらく経理を担当していたが、三年間難病に伏していた令嬢を救うために無薬療法を思い立ち、それを何回か試したところ、医者も匙《さじ》を投げた病気がメキメキと良くなって、ついに立派な健康体になったという。これをきっかけにして、ある種の霊法を使って難病に苦しむ人たちを救おうと決意、未来を嘱望《しょくぼう》されていた実業界を離れ、「本能療法」という霊法を実践するに至った。その療法によると、眼には物を見るという本能があり、耳は聞き、肺は呼吸し、胃は消化し、腸は吸収するというそれぞれの本能があると考える。すべての病気は、それぞれの本能が減退するから生じるのであり、その力を補い、それを回復させれば、病気は自然に治るというのである。海軍の瓜生外吉大将もこの療法により、長い間悩まされていた中風症が改善し、上がらなかった手も自然に上がるようになったという。上流階級の受けが非常に良い。貫禄も備わり、霊術界の花形である。

20―田中鼎　日本自彊学会長（東京・小石川）

健全無病な身体の持ち主でなければ、健全かつ正しい心の持ち主にはなれない。人間は空気の呼吸法と食物の改善と運動の完全（身体の疲れを除去する運動という意味）とを得れば、血液の循環作用によって、一切の病根は除去されると説いた。大日本茶道学会本部を主宰したその道の大家でもあった。

21―浅野和三郎　心霊科学研究会（神奈川県鶴見町）

霊術家というよりは霊の研究家。独特の療法はもたないようだが、真に内外古今の書を渉猟《しょうりょう》して、該博にして、文章練達、長者として推されている。

22　桑田欣児　帝国心霊研究会長（北海道十勝）

技術はかなり練達しているが、自分の師の悪口《あっこう》をして回る、不届きな面もある。自分で一法一派を創始したように吹聴して、世の中を欺いているように見える。各地方を回って講習生患者を集めるのに奇策を弄するのは改めるべきだ。

23　山崎廈堂　霊光普及会長（佐賀市）

仏教の使命は衆生の煩悩や疾病を治療することであると説いた、仏教革命の急先鋒といえる霊術家。九歳で出家して禅門に入った。中学卒業ころ肋膜炎《ろくまくえん》を患ったのを契機にして、立ちはだかる難関を打破しようと無我の大道を邁進《まいしん》した。その結果、本来人間が具備している霊妙の働きを遮っている邪念や小我を払えば、だれもが霊能を発揮することができるという考えに至り、精神療法を提唱した。

24　遠藤龍泉　霊息統一学会総本院長（札幌市）

大家老練の域には達していないが、極めて熱心でまじめな霊術家。精神科学と心霊哲学を組み合わせ自ら創案した霊息統一法を教授、各自の霊能を発揮させて病弱駆逐と心身強健を図った。ただあくまでも誠実を信条として地味に活動をしてきたので、山師霊術家よりも比較的世間に知られていないのは遺憾である。

25――武田芳淳　東京心霊療院長権大教正（東京・西巣鴨）

皇室中心主義の霊術家。医学の素養があり、医術に長じていて精神療法を専門にしているので鬼に金棒。かつては熱病、胃腸病、神経衰弱、不眠症、坐骨神経痛、顔面神経麻痺などいくつもの病に苦しんでいたが、闘病の果てに固い信念で大神の恵みを喚起する一方、自己の霊力を振り起こせば自分を癒すことができると信じるに至った。すると摩訶不思議、そう思った瞬間から、病魔の巣窟のようだった自分の身体は、病苦が去って心身爽快になったのだという。彼の療法は、心霊療法一点張りではなく、非常に食事療法に重きを置いているのが特徴。

26――山本公水　帝国哲学院長権大教正（大分県別府市）

近来メキメキと頭角を現してきた霊術家。大正元（一九一二）年に健全哲学館大学別府分院長として哲理療法を展開、九州で大成功したが、事業に失敗して、一時期、霊術界から姿を消した。その後事業を整理し、精神療法を再開。催眠法や気合法によらないで、実行哲理の原理から獲得した黙想法を応用して、一切の難病を治そうとする真理療法を発案したところ、難病を癒すだけでなく、健全長命、家内安全、悪癖矯正、能力増進などでも効果を発揮するとして、門前市《もんぜんいち》をなすほどの大評判となった。いかさま療法が跋扈《ばっこ》する中、出色の霊術家といえる。

27―前田霊泉　帝国修養会長（東京・神田）

柔道と精神療法を実践し、人が驚嘆するほど精力絶倫だった。人間には霊妙なる能力が備わっているが、それを自覚せずに放任すると悪しき方向に働き、悪人となり、愚者となり、病弱者になると考えた。そうならないための自覚法を「前田式心身改善法」と呼び、霊動術、気合術、感応術、読心術、鎮魂鬼神法などを通して教えた。各方面の気受けもよい。

28―秋山命澄　浄化会本院主（東京・谷中眞島町）

教育者で、佃島で教鞭をとっていたが、中学校時代から霊術や精神療法に興味を持っていた。師範学校を出てからは宗教哲学の研究に没頭し、大正九（一九二〇）年にはとうとう教職を辞して、霊術家に転身した。『暗示と教育』の著は好評を博した。人格高潔にして技量抜群。心身浄化療法と霊座修養法を柱にして、日本最初の精神療法的大病院の建設を目指した。

29 鈴木清美　日本精神医学研究会長中教正（福島県若松市）

口八丁手八丁で、すこぶる才能がある。東北では有名な会津若松の接骨医であり、精神療法の施術者。元は軍人であったが、退役後は教諭となり、精神療法の研究を始めた。やがて医術と霊術を並行して用いて肉体面と精神面を救済する精神医学を創始して、精神療法家として名を馳せた。

30 荻田順照　瑞霊学院院主（奈良市北天満町）

奈良における霊術の大家。親子数代にわたる医者の家に生まれながら、医は病を治すといえども人を癒すことができないと考え、各種霊術を研究した。宇宙に遍満する神霊と、行者自体の瑞気《ずいき》とを融合して瑞霊発現作用を起こし、それを患部に放射すれば、たちまち熱が去り、疼痛《とうつう》を除き、細胞血管神経は敏活旺盛になり、自他の疾患が治療されるのだと説いた。

31 木村介忠　心霊実験研究会長（東京・上落合）

木村式無痛分娩法の創始者。大正五（一九一六）年に右脛骨の急性化膿性骨髄骨膜炎を患い入院したところ、病勢は進むばかりで医者からは死の宣告を受けた。これが動機になって、療養しながら死後の世界や心霊現象の研究をするようになったところ、病勢が弱まってきた。さらに松本道別の門に入って治療と教授を受けると、大正一三（一九二四）年には医者から何度も死の宣告を受けた病気が完治。以来、霊術の研究を進め、自ら難症患者を治療する一方、心理や精神力を応用する無痛分娩法を編み出し、産婆のための講習会を開催して好評を得た。

32　高木秀輔　霊道救世会会長（山口県古郡町）

中国地方では「神人」「救世主」と仰がれている霊術界屈指の士。精神統一法により一切の雑念妄想をとり払い、明鏡止水の心境に導く「洗身」を行い、断食法により体質を根本的に改造し、自然療能作用を活発化させる「浄体」を行えば、人間が本来持っている霊能が発現し、元気はますます充実し、勢力はいよいよ増進し、人生の幸福を味わうことができると説いた。西洋医術に対抗する「日本霊術学院」を開設した。

33　松橋吉之助　思念術始祖（札幌市）

思念術の大家で、技量人物ともに確か。催眠術の先駆者・桑原俊郎の門下生で、明治四〇

（一九〇七）年に『思念術』を出版、催眠術だけでなく、「思い念ずる」という精神哲学の真原理を応用した真の精神療法の必要性を説いた。霊術の宣伝はせず、北海道で牧畜をやりながら、主に閑散な時期に教授や治療を施している。

34　山畑守誠　帝国心身鍛錬会長（埼玉県豊岡町）

直接通信の教授と治療を行っている有望な霊術家。霊術を研究すること十余年、大正一二（一九二三）年に帝国心身鍛錬会を起こした。明治神宮の奉仕青年に選ばれたことからわかるように品行方正、人格優秀。霊術も至妙至玄である。過分の欲心を起こさず、道のために誠心誠意尽くせば、前途洋々である。

35　森田笑悟　心身健康会長（奈良県平野村）

奈良における精神療法の重鎮。「予の霊と肉とは観世音菩薩の塊なり」と喝破し、観音耳根圓通法と妙智療法とを、最も愉快気に、一心不乱に教授し、治療もしている。重箱の隅《すみ》を楊枝でほじくる嫌いはあるが、正直で嘘偽りがない。

36　奥山寿蛍　心王山主教（山形県尾花沢）

宗教家にしてすこぶる熱心な霊術家。『心身鍛錬の秘法』の著者である。眞宗大谷派に属する意蓮寺住職で、幼少より霊法研究に没頭し、その後心霊術精神療法を究め、霊能霊力発現の大法である眞霊法を宣布した。人類を眞化霊化し、正眞世界を建設することを目的とする。奥羽における霊界の第一人者になるであろう。

37　浜口熊獄　大日本天命学院長（大阪市天王寺）

精神療法の草分け。父親は紀州長浜の漁師。小学校ではいろはも覚えないので、とうとう退学させられた。勉強はできなかったが、少年時代から透視能力や漁の有無を判ずる予言的能力があったという。一三歳のときに家を出て、那智山に籠って、實川上人に師事して経文や文字を習う一方、三年で真言密教の法術ともいえる「人心自由術」を体得した。疾病を治療して心身を自由にするという精神療法である。世間からは「彼は山師だ。いかさま法師だ」と嘲笑され、警察に呼び出されたり勾留されたりした数は七〇〇回を超えたとされているが、そのような法難にもびくともせず、三〇年以上にわたって衆生《しゅじょう》救済に心身を捧げた。裁判所で、気合で他人の歯を抜いて能力を証明したことでも有名。

38 沢山霊洲　精神研究学会長（静岡県清水市）

技術、人格共に優れた霊術家。初めは近親者や知己の求めに応じて施術していたが、評判となり誰もが押し掛け、門前市を成すありさまとなった。そこで、病気に悩むものを救済するために門戸を開くことにした。

39 渡辺網紀　古今心身鍛錬会長（大分県別府市）

霊術界の鬼才。一度演壇に立つと、その雄弁さと博識で聴衆を一気に魅了する。従来の霊術家は文書の宣伝が主だったが、これからは大衆を相手にする講演宣伝が主流になるのではないかと感じさせる。精神療法と導引法を併用して、講習、治療する。

40 松原皎月　洗心会本部会長（兵庫県姫路市）

霊術家として若年だが、技術は優れている。催眠術は邪術でもなければ詐欺でもない。紳士たる品格を有する人がこれを使えば、治病矯癖、児童教育、精神修養、芸術練習などに応用でき、その効果は顕著である。是非、催眠術を精神療法の柱に据えている精神流開祖松原には、これを実生活に活用していただき、催眠術の名誉挽回に尽くしてほしい。

41　高石旭洲　体験道舎主（山形県西置賜郡）

非常にまじめで霊術に忠実。清水英範（芳洲）の薫陶《くんとう》を受けて、若くして霊術家の道に入った。最初は「まだ乳臭い青年」などと揶揄《やゆ》されていたが、精神療法を奥羽地方に広め「霊界の麒麟児《きりんじ》」として花開いた。

42　大山霊泉　修霊会本院長（広島市）

生まれ故郷の広島で長らく精神療法をやっていたが、東京にも進出。米国の大学で学んだオステオパシー（整骨療法）とカイロプラクティック（手技によって脊椎《せきつい》のゆがみを矯正し、神経生理機能を回復する方法。脊椎調整療法）に独自の霊的技術を加えて治療した。手腕力量に確かなものがある。

43　吉松宏城　太霊道福岡別院主司（福岡市大名町）

長年田中守平の太霊道の修養を重ね、霊能においては卓抜した手腕を発揮してきた。一度田中が蹉跌《さてつ》するや太霊道の各支部はどこも看板替えをしてしまったが、福岡別院だけは看板を守り続けた。吉松は福岡県築上郡三毛門村の生まれ。明治三八（一九〇五）年大分県立中津中学卒業後、和漢洋医学と霊学研究に没頭し、霊術家としての地位を確立した。

44 宮崎力堂 大宇宙元気術研究会主（東京・本郷）

生まれは岐阜県。最初は小学校教員をしていたが、上京して警視庁巡査となり、明治三一（一八九八）年刑事講習所を第一期で卒業。太田正弘警視総監が部長時代に、刑事被告人や犯人の写真を撮影することを発案したのが、刑事の宮崎であったとされている。霊術にも造詣《ぞう》《けい》が深く、勤務に服しながら、霊術の研鑽を重ね、霊術に関する警視庁の第一人者となった。同庁のとり締まり方針も宮崎の意見によるところが大きかったらしい。

大正九（一九二〇）年に官を辞して、三田英語学校の幹事をしていたが、かつての同僚やその家族から求められれば人体動力法、自然癒能力助力法などの霊術を教授したり、施術したりしていた。また、医術は病を悪化させることがあるとして、霊術を使う心療師が一日も早く公認されるべきだと力説した。資性温厚篤実の人格者。熱心な研究家にして、あらゆる霊術法術に堪能である。父親は会津藩士であったが、勤王の志を抱いて明治戊申《ぼしん》のころ脱藩したという。

45 浜田賢哲　念射術開祖（東京・本郷）

仏さまから霊験あらたかな病苦駆除の秘法を授けられ、兵庫県で救世の活動を始めた。それを広く世に行おうとして大正六（一九一七）年に上京、仏家として両国回向院で念射療法、熱誠治療を披露するとたちまち評判となり、治療を乞う者は一日数百人に上ったという。のちに千駄木専念寺に住み、下谷稲荷町に出張所を設けて疾病治療に専念した。大正一二（一九二三）年に大震災で出張所が壊滅。檀信徒の了解を得て専念寺内で治療を行ったが、さらに多くの患者が集まったという。

46 千田東嶽　帝国精神哲学会長（埼玉県行田）

誠実熱心、閲歴に富み、術に長じた、東京近郊の老大家。俳句や書がうまい。

慶應二（一八六六）年に岩手県金ケ崎村に生まれ、明治一九（一八八六）年に岩手県の獣医免状を受け、長年獣医をしていた。ところが大正一〇（一九二一）年、時勢に遅れまいとして健全哲学館大学を卒業して哲学士を得て、次に帝国神秘会の通信教授を受け段位を取得。それから小島徹誠の心身強健速修会東北分会長として霊術界にデビューした。しかしその活動を見てみると、哲学士号を振りかざす一方で、しきりにいろいろな学士号を売りつけているようにも感じられる。

千田が師事した健全哲学館大学の鈴木美山学長が「催眠術は亡国術」だと「喝破」してから一〇年以上経つが、催眠術を柱とした精神療法はますます盛んになるだけで、日本が滅びる気配は微塵《みじん》もないばかりか、むしろ興隆していく。ところが健全哲学館大学が滅んだのはなんという皮肉だろうか。

47 ―戸田陽峰　戸田心霊治療院長（静岡県浜松市）

中部精神療法界の翹楚《ぎょうそ》（衆にすぐれること）。今から二〇年ほど前に渡欧した際、物質万能の社会だと思っていた欧米で心霊治療が盛んなのを見て、驚いたという。逆に日本が物質崇拝、科学万能ばかりになってきていることに危機感を強め、霊術界に興味をもつようになった。それから一〇年ほど経ってから、激しい神経網膜炎に罹り、名医という名医にかかっても一向によくならなかった。そこで心霊療法に頼ったところ、苦痛が退散し、全治した。そのやり方を他の人に教えるようになると、どんどんと人が集まるようになり、一年平均一万二〇〇〇人の患者を治療するようになった。

48　瀬尾霊人　自然癒能力法伝習会長（東京・本所）

大正六（一九一七）年に霊術界の新鋭として旗揚げした将来有望な霊術家。自他の病癖治療方法から心理生理物理の方法に至るまで丁寧懇切に説述した『自然癒能力法伝習録』『簡易流気合術伝習録』は、求道者《ぐどうしゃ》には絶好参考資料書となる。遠方に住み、実地体験をできない人のためには『催眠術写真伝習録』を出して、懇切にそのやり方を明示した。これらを熟読して、自己の精神を鍛錬し、衷心《ちゅうしん》より発する人格の光輝をもって、修養を積めば、真の催眠術者・霊術家として、その使命である救世済民の道を進むことができるだろう。

49　沢田光照　霊光療院長（東京・西巣鴨町）

疾患部や神経中枢に霊光線を放射して感応させ、自癒能力を促進させる。すると、自然に患者自身の手が動いて、患部の要所や潜伏病の所在を撫でたり叩いたり揉んだり押したり、いろいろな動作をひとりでにやるようになり、苦痛は去り、疲労は回復し、血色も良くなり、病は自然に治癒するという。青年霊術家の中では極めて誠実な霊術家といえる。

50　神山慈雲　健全求道会会長（福岡県八女郡）

宗教家にして霊術家。明治二〇(一八八七)年に福岡県八女郡神應山に生まれ、六歳で大病を患った。それからほとんど病床にあったが、一六歳で禅門に入り、一九歳にして霊術に目覚め、このころから健康が見違える様に改善したという。大正六(一九一七)年には佐賀市普門寺に住むようになり、同年神霊普及会を起こした。さらに大正一一(一九二二)年、清水式精神統一法を修め、精神療法も行うようになった。翌一二(一九二三)年には神應山大聖寺に転住し、光楽園求道会を創始。昭和三(一九二八)年に健全求道会に改めた。神山の手によって救われた病者は昭和二(一九二七)年だけでも五〇〇〇人を超えたという。

51 鴻村芳洲 東洋心霊学会会長(東京・小石川)

江間門下の秀才。初め理化学を修め、後に陸軍大学東京府立織染学校などで教鞭をとった。さらに会社工場の技師、重要物産織物組合長などを務め、各種生産物の審査員や八王子市の輸出織物会社の工場長にもなった。しかし、物理化学では宇宙のことはわからないと悟り、江間俊一の門下生となり、心霊界について学んだ。大正八(一九一九)年に従来の職業を辞して八王子で霊術家としてデビュー、横浜、山形、台湾などで江間式心身鍛錬法など精神療法を普及させた。

52　三田光一　帝国自覚会会長（神戸市）

心理学界の泰斗・福来友吉をして「神通力者として邦国第一人者」と言わしめた霊術家。大正三（一九一四）年に帝国自覚会を起こし、精神修養法三田式養気法の普及に一身を捧げた。念写を得意とし、クレハ工業化学の役員になった。

53　谷川栄俊　神霊治療院長（神戸市）

元々静岡県下で独特の不動術治療家として知られていた。大正五（一九一六）年に清水芳洲の門に入り、しばらく静岡支部長を務めた後、神戸に移住、神戸支部長を嘱託された。その後、神霊治療院を創設し、北は北海道から南は九州、さては朝鮮や満州、台湾まで巡遊し、難病者を治療して名を馳せた。非常に堅実な霊術家。

54　壱色春峰　生化医学会会長（東京・大久保百人町）

言論文章に長じ、絵画（特に山水画）は玄人《くろうと》。初め医学を志し医学校に学んだが、医学は万能ではなく、むしろ祈禱や禁厭で医者が見放した患者が治癒するのを目撃したことから、哲学と宗教を研究。それでも光明に接することができなかったので、最後に変態心理を志すことにした。

　そこで望月金鳳に学んだ画道を資本にして日本や世界各地を旅して見聞や知識を広め、最終的に生命活動の中枢で、かつ知識霊能の源泉には人類創成の原子ともいえる「磁髄」が存在するとし、これさえ健全ならしめれば、いかなる病も治せるという考えに至った。それは科学を霊化した科学的心霊主義とも呼べるもので、大正八（一九一九）年に帰国して以来、その考えと心霊治療の普及に努めた。霊術家として申し分のない人格力量の士である。

55――嵯峨亀之助　土崎心霊療院長権大教正（秋田県土崎港町）

以前から整復術家として秋田県で知られていたが、肉体の治療だけでは完全には治らないことに気づき、心霊治療に傾倒した。清水芳洲から清水式精神統一法を学び、精神と肉体の両面から、あらゆる疾病の治療に当たり、門前市を成す盛況を呈した。

56――岸本能武太　岡田式静座法道場主（東京・小石川）

一世を風靡《ふうび》した岡田式静座法の実質的な継承者。ただし目を開けたまま精神統一させる点が異なる。英語の先生であるだけに、その門に集まる者の多くは学生である。御子息は、宗教学の権威・岸本英夫氏。

57　西邑霊光　心身強健法普及会長（岐阜県揖斐町）

中部地方の傑出した療法家。天賦の霊力を発現するためには、学識や才智によるのではなく、熱心に努力実習して初めて心身改造発達の成果を挙げることができるのだと喝破している。彼の著書『心身強健法』には、屁理屈を並べて肝心のところはぼかすようなことは書かれていない。実修方法が精細に、手で導くように書かれている。

霊術家たちの悲喜こもごもの人生

霊界廓清同志会がとり上げたほかの霊術家たちもご紹介しましょう。五七人の中には入りませんでしたが、田中守平、宇佐美景堂など錚々《そうそう》たる霊術家も含まれています。中にはこれから落ちぶれていく霊術家や、最初から胡散臭《うさんくさ》い自称霊術家、若くて未熟なところもあるが将来が楽しみな霊術家が、忌憚《きたん》のない意見とともに厳しく、ときに優しく評論されています。

――田中守平　太霊道主元（岐阜県恵那）

今は恵那でひっそりと講授治療し広告を出さないが、かつては大広告を掲載し、心霊の何たるかを知らしめた。ある意味、今日《こんにち》霊術とか、霊道が知れ渡ったのは、田中守平のおかげである。ただし本人は山師的。最近は断食療法に血道をあげている。家運の盛大を願い、立身出世しようと焦った。彼の人生は艱難辛苦病離に満ちているようだ。

渡辺藤交　日本心霊学会長（京都市河原町）

大正一一（一九二二）年の夏から『日本心霊』という機関誌を月三回出している。福来博士や小酒井博士の説を載せており、読むに値する。しかし、何を教えているかは疑問。高い金を払わせ証書を出している。計算高いかも。

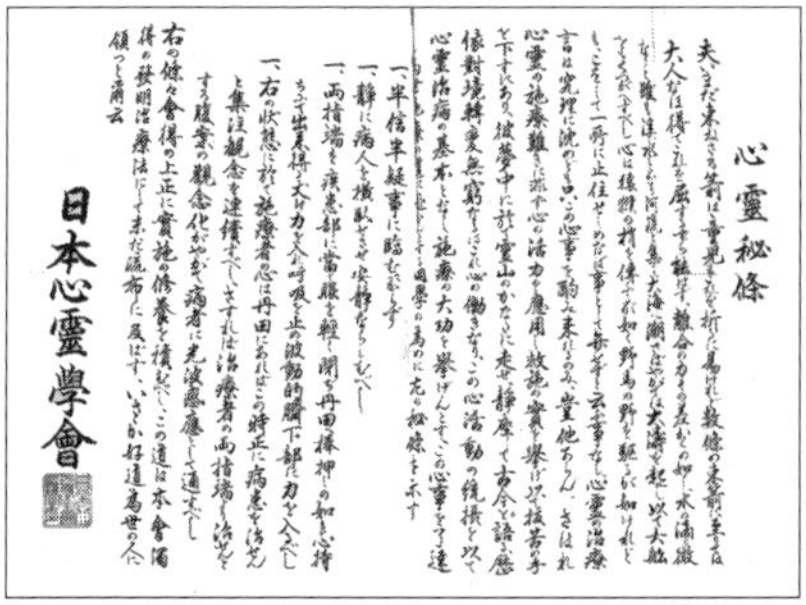
心靈秘條

日本心靈學會

日本心霊学会から会員に送られた『心霊秘条』

堤清　救困院将大教正（佐賀市）

霊術家の多くは救世救民を高唱するが、高い授業料をとる。だが堤は料金をとらず、真に救世救民を実行している。まさに九州霊術界の盟主ともいうべき人である。肥前佐賀郡鍋島村の出身。幼いころから俊秀で、一五歳のときに山に一週間籠って断食、天啓を得たという。中学を出ると、兄の遺志を継いで陸軍士官となり、武勲を立て独立隊長に。そこで堤式ともいうべき精神主義を全隊に普遍せしめ、好成績を挙げたが、それが上官の嫌忌するところとなって、大正六（一九一七）年に陸軍を退いた。そして「予定の行動」として救困事業を起こし、独特の霊術で救療すると同時に、肥前の景勝地の保存保護事業にも尽力した。事業では料金をとらなかったが、病を治してもらった喜びから、多くの人が応分の喜捨をしたので、それが各種事業資金となったという。

――中村古峡　日本精神医学会主幹文学士（東京・品川）

心霊界の驚異の出来事をことごとく精神科学で説明しようとしたひねくれ者。心霊界の人々を迷信家と決めつけ、科学では決して説明できない心霊の偉力があることを認めようとしない。その様子をみると、水底に沈んだ石塊《いしくれ》のように浮かぶことはなく、頭角を現すこともないであろう。（著者注：この本には辛口に書かれているが、後に精神医学の中心的な人物となる）

――桂六十郎（尊霊）　大日本霊学通信学校主幹（東京・雑司ヶ谷）

かつて台湾の公学校校長であったが、辞めさせられて、仕方なしに上京。職を探したが採用されず、苦し紛れに思いついたのが、大日本霊学通信学校の設立であった。霊術家でもないのに、一夜漬けの「霊術家」になり、あらゆる霊術を寄せ集めしたような『心身改造霊動気合術気合治療法講義録』を発行した。

―品田俊平　心教療院院長（東京・青山）

越後湯沢で催眠術を使った霊術を標榜《ひょうぼう》したが大失敗。ホウホウの体《てい》で東京に逃げ込み、心教療院を立ち上げたが、コケ威《おど》し的で実績も見当たらない。使っている催眠術も怪しい。しかし、テキストはよく書かれている。

―嘉悦敏　国民自健術普及会長（東京・千駄ヶ谷町）

陸軍の少将で、女流教育家として知られる嘉悦孝子の弟。陸軍に入る人間の体格が年々低下していくことを憂慮して、これを改造する方法を模索した。ただ生命の根源を神経に求めたことから、主張に無理があるように思われる。

―木村秀雄　心的生理学治療所長（東京・巣鴨）

明治三六（一九〇三）年同志社を出て、米国のバークレー大学で心理学を専攻。再渡米した大正六（一九一七）年から一四（一九二五）年まで心霊や霊媒を研究、あるいは治療公演を重ね評判を得た。日本では有名ではなかったが、アメリカで有名であった。

――西村大観　心王教本院主監（東京・寺島）

心源術を標榜するも、失敗して事実上所在不明に。その後、心王教本院を立ち上げ、「あらゆる霊術を超越し、医術診断を凌駕《りょうが》した」と豪語したが、内容は先の心源術そっくりそのままで、看板を掛け替えただけである。（著者注：ここでも辛口であるが、彼の提唱した霊脈判定術は個性的で有意義である）

――池田新一　心血自療法研究所長（兵庫県若狭野村）

心血自療法は、指先で身体の急所に一種の刺激を与えることによって衰退した生活機能の活動を喚起、血液の循環を促進して自然療能作用を活発化させる。インドや中国、日本で古来行われている諸法の長所をとって完成させた。ただし、小学校の教師を三〇年もやっていただけあって、頑迷不遜なところがある。

――田宮馨　帝国神秘会長（大阪市東雲町）

大阪商人根性をいかんなく発揮、催眠術を薬か化粧品のように考え、内容の貧弱な講義録を大々的に広告して金儲けをしようとした。しかし、広告だけで内容が伴わなかったために信用を失い、催眠術自体の評判を失墜させた。（著者注：本書ではやはり辛口に書かれているが、後に多くのテキストを残しており、催眠術の通信教育では第一人者とされ、戦後にも活躍した）

―新井照獄　新井式行気術開祖（住所不明）

大正八（一九一九）年ころ新井式行気術を掲げて、霊術界に飛び込み、いきなり多くの講習生や患者を集めた。弁舌は立つが、素行が悪い。

―小国鉄哉　覚勝院断食道場主（京都市嵯峨）

大阪の実業家だったが、病気を患って人生観を変えて、霊術界に身を投じた。京都の西に断食道場を起こし、断食と霊術と信仰を応用して胃腸その他の難病疾患の患者を救済したことから、評判になった。人間ラジウム学会の講師でもある。

―三吉霊峰　精神学会会長（大阪・天王寺町）

関西催眠術界の元老で、『三吉式催眠術講義』と『三吉式精神修養法』の二大著書がある。

――松田光風　眞如行気法始祖（宇都宮市）

「霊界の最高権威」などと誇大広告を平気でやっているが、非常に疑わしい。経歴にも矛盾があり、高額のお守りを押し売りするに至っては詐欺師もしくは霊術界の賊、精神療法の敵である。

――高木莠　天行園園主（高知市）

警視庁警部から身を起こして、朝鮮政府の警務顧問に招聘される。その後実業界に転じたが、生来霊術の天分に富んでいたことから、霊術家として病者の治療に従事することになった。人間ラジウム学会の講師。

――加藤泰山　東亜哲学院長（福島県若松市）

霊手霊掌から放射する霊力で患者の治療をするというが、とにかく怪しい。いかさま療法の可能性が高い。

――鈴木楢翁　大日本精神学会長（東京・牛込）

陳腐な催眠術を披露して、大法螺《おおぼら》を吹きながら疾病治療のまねごとをやっている。早く足を洗うべきだ。

――生方賢一郎　帝国少年社社長（東京・代々幡町）

霊術家ではなく新派俳優として全国巡業しているが、細君が内職として「日本少年社」の名前で催眠術の本を売っている。催眠術の内容は時代遅れで、生方本人が催眠術を得意としているのかもわからない。

――渡辺浩洋　霊気還元療院主（新潟・三条町）

地元の新潟県三条町で、出生地である新潟のために終生霊術の開拓者として治療に携わった。

――古川霊源　太源霊象研究会長（鹿児島県忠海町）

霊子術、気合術、催眠術、読心術、透視術、精神感応術、交霊術などをごちゃ混ぜにして古川霊素放射療法と称して悦に入っているが、生兵法《なまびょうほう》の感は否めない。

―山田信一　山田式整体術講習所長（東京・麻布）

インドの精神療法であるプラナ療法と整体術を併せた精神療法を発案した。海軍の軍人家庭の間で評判を得た。日本のカイロプラクティックの元祖的存在。

―深谷瑞輔　健脳鍛錬普及会長（東京・幡ヶ谷）

東京の霊術家。解説なし。

―古屋鉄石　精神研究会長（東京・芝）

周易《しゅうえき》も知らないのに周易の本を出し、芝区会議員になれば議員大学講師を名乗って「議員大学会議法講座」といった本を臆面もなく出版する。肩書や名称だけ大層な催眠術商。

―北川彰　精神治療院長（愛媛県八幡浜町）

歯科医で精神療法を行う愛媛県の霊術家。催眠術や気合術に堪能で、歯科手術に暗示術を応用した。

―鈴木天来　鈴木精神療養院主（愛知県小牧町）

婦人雑誌に毎月のように「遠隔治療」の広告を出し、愛知県小牧町から遠隔で全国の人を治療するという。小学校教員上がりで、遠隔治療代は高く、霊能があるかどうかも不明。

―斎藤虎太郎　生理学的治療法創始（東京・芝）

心霊治療ともいえる「生理学的治療」によって、長寿玉成《ぎょくせい》を目指した。霊術界には珍しい人格者。

―吉沢霊泉　心身改善講習会長（長野県下伊那郡飯田駅前）

心身鍛錬法によって気質体質を改善し、無病長寿を獲得することを掲げているが、本人自身に多くの問題があるように思われる。

―本田則明　透覚養成病源透視（東京・小石川）

病原を透視して治療に当たった。また、霊能を求める熱心な人に透視能力の養成を行った。

―檜山鋭　尚弘会会長（東京・池袋）

団体名や姓名を目まぐるしく改名するが、霊術家としての技量はしっかりしている。家学を受けて、長じて中学校、師範学校、陸軍士官学校などで漢学を教えていたが、病弱であったために辞職。四二歳のときに宗教界に飛び込んだものの、胃腸、肺、腎臓を患い、自殺を何度も覚悟するほど追い詰められた。そのとき、死を期して山に入って水行断食を三週間行ったところ、元気になり、能力開発法や心身改造法に目覚めたという。「手の指の股から（霊力を）出して癒す」というが、「（これをやると）体重が減る」という理由で治療代は高い。

―薄網和一　自然療養会会長（東京・千住町）

（会則の記述しか書かれていない）

―大江界遠　眞魂会会長（仙台市）

長年にわたり心霊の力や眞魂の力を研究、ひとたびこの力に接すると、だれにも不思議な妙力が顕現し、自然癒能力を強めることができると説いた。

―谷口霊健　東京霊健法普及会長（東京・下板橋町）

元陸軍砲兵工廠《こうしょう》（陸軍の兵器・弾薬・器材などの考案・設計・製造・修理などをする施設）の書記か何かをしていたが、精神療法に興味を持ち、田中守平の太霊道をはじめ、いろいろな霊術を教わり、独立して霊健法を始めた。本当は清水英範（芳洲）の弟子なのに、自分が師匠であるかのように言って、弟子を集めたこともある。悪気はなく、法術も確かだが、無責任な放言をするような軽率なところが欠点。

―久重信　印度哲学院院主（大阪市天王寺町）

斬新にして真摯《しんし》な霊術家。透視透覚術、感応道交術、自他治療術、物価高低予知法などを教えている。

―高田昭玄　霊能学会本院長（福島市）

霊能学会本院の目的を「幽玄化学に立脚して」生命の本源を究め、無痛安産法を授け、一般社会を救済することと書いているが、本当にそのような「化学」を知っているのか疑問。詐欺でないことを祈るばかりだ。

―岡本昆石　東洋性心学会長（東京・芝）

自衛自強と社交の秘術の療法を教えるとしているが、自衛自強はいいとしても社交の秘術とはいかがなものか。規約に「心理を濫用して遊興等を為すべからざる事」とわざわざ規定しているものの、心理療法を悪用する輩《やから》が出ないとも限らないので、要注意。

―小寺万槌　精神研究会支部長（札幌市）

哲理療法、思念術、心理療法、気合術、暗示術などを併合して治療する。大困難に陥る凶運の相あり。

―小島徹誠　心身強健速修会長（神戸市）

これというほどの学問をしたわけではないが、見聞学問でここまでこぎつけた。万芸に通じているようだが、一能に達せずというおそれも。

―宇佐美景堂　神霊学会長（三重県四日市市）

『霊響』という雑誌を発行しているが、暴利を貪っているようにみえる。また全国の同業雑誌に広告を出しておいて、広告料を払わないという詐欺的行為も見受けられる。反省しなければ、霊術界から放逐しなければならなくなる。※昭和三（一九二八）年の原文のまま紹介しましたが、のちに優良な霊法霊術を多く残しており、この評価は一方的な感じがあります（著者）。

村田桑石　心霊研究会長（現住所不明）

俊敏にして才能のある霊術家で文才もある。精神科学会や精神研究会で催眠術を研究し、村田桑石絶対催眠術を創案。心霊療法や神経療法などを教えていた。

小熊虎之助　変態心理相談所長（神奈川県鎌倉町）

東京帝大出身の文学士。仙台第一中学、盛岡高等農林学校を経て、明治大学で教鞭をとる。その傍《かたわ》ら変態心理の研究をして、新聞や雑誌に論説を出した。だが、彼の経験や独自の研究から出た新しい学説はなく、ことごとく欧米論文の受け売りにすぎない。変態心理相談室を開設し、日本の国民性を度外視して精神療法を試みているようだが、生兵法は大怪我の基である。

――石川素禅　天玄洞本院主元（東京・京橋）

松本道別門下で成功した霊術家の一人。天玄洞本院元主として『気合術講習秘録』を刊行し、多くの会員を集めた。

――三宅石衛　精神治療院長（岡山市）

三日間は毎日異なった霊術を患者に施し、その効き具合を確かめてから、その患者に合った霊術を施した。

――藤田宣彦　誠光教総裁大教主（広島市）

神道教派の誠光教を主宰。神人合一的心理を解明して、個人の霊の安定を図り、ひいては国家人心の大安定をもたらすことを目的とした。

――関昌祐　霊光洞洞主（大阪市北区）

大正一三（一九二四）年末に『霊光』という雑誌を発刊したが、年が経つにつれて、同じ値段でページ数はどんどん減り、内容もパッとしなくなった。雑誌で「心霊学界の覇王」と銘打ったこともあったが、覇王の意味を知っているかどうかも疑問だ。

―友末益良　啓眞会本部会長（大阪・南郷村）

『啓眞』という雑誌を月に二回発行、各地のあまり知られていない自称霊術家が広告を出して関西における霊術界の中央機関のようであったが、その後どうなったかわからない。自己満足的な宣伝雑誌に成り下がってしまったように思える。

―栗田仙堂　リズム学院長米国哲学博士（東京・本郷）

「科学に接続した超科学」を標榜しているが、霊術は科学では説明できない。科学で説明できるというならば、それは科学万能主義者にすぎない。知りもせぬ学術上のテクニックを使って、難解な文章で煙に巻くコケ威しにしか聞こえない。昼寝でもしているほうが身体のためである。

―上浅心源　健全哲理学会長（愛媛県喜多郡）

ちょっと聞きかじっただけで、催眠術を亡国術などと言っているが、もっと催眠術を勉強したらどうか。哲理の解釈や精神の修養、人格の錬成などを人に説く資格があるのかどうかも疑問だ。

—田中黙々念　霊一学会長（松山市）

姓名占いのみ記載。

—小栗翠仙　霊道修養会主幹（静岡県浜名郡）

『霊道』という雑誌をかつて出し、霊術界を背負って立つくらいの意気込みは感じられたものの、如何せん内容が伴っていなかった。残念。

—武田霊鴻　自然霊能研究会会長（山形県米沢市）

山形新聞に一面広告を出し、「催眠術極意秘録」と題する本を売っているが、内容に秘録らしいところは何一つなく、下手な暗示法を読みにくい本にしただけ。価格もかなり割高で、出版道徳からいっても詐欺に等しい。

—石抜霊覚　霊感透熱学会長（熊本市）

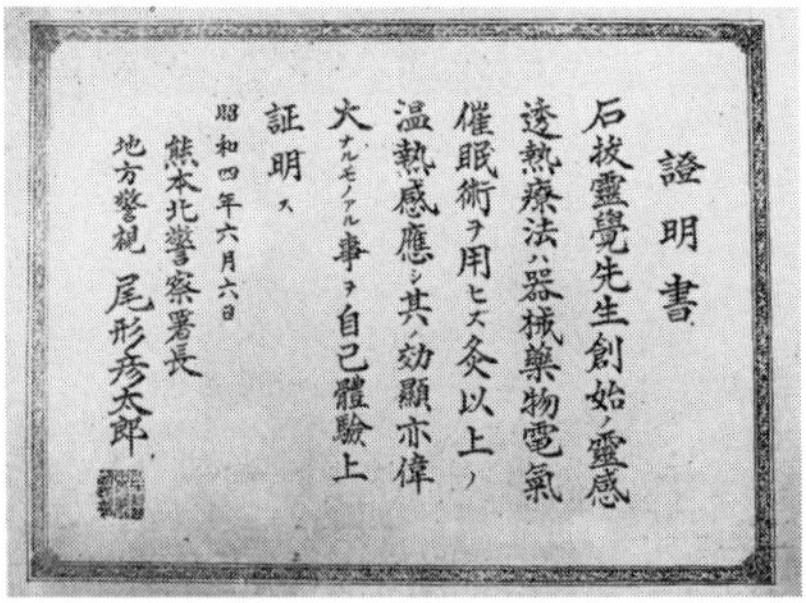

證明書

石抜靈覺先生創始ノ靈感透熱療法ハ器械藥物電氣催眠術ヲ用ヒズ灸以上ノ温熱感應シ其ノ効顯亦偉大ナルモノアル事ヲ自己體驗上證明ス

昭和四年六月六日

熊本北警察署長

地方警視　尾形彦太郎

当時の霊感透熱療法の効能証明書

霊感透熱療法を創始した霊医学の泰斗であると称しているが、まやかしにすぎない。その療法の「秘伝書」をありがたがって買う人の気が知れない。

―永堀捨三郎　永堀血行療院主（東京・芝）

まるで精神療法を施術しているような名称を付けているが、按摩《あんま》にすぎない。最近霊術が盛んになっているから、按摩まで精神療法であるかのような名称を付けるようになった。注意喚起のために紹介しておく。

―斎藤霊鳳　日本修霊会会長（静岡県笠井町）

会規以外に説明なし。

―鈴木華山　神理医法本院長（不明）

同本院の規則だけ記して、説明なし。

―小山善太郎　血液循環療法研究会長（不明）

研究会規則だけ記して、ほとんど説明なし。

―山下神風　日本精神研究会長（静岡県水窪町）

科学的医学が進歩しても病者が一向に絶えないのは、人間は肉体だけで生きているのではなく、偉大なる霊能の力によって生きているからだとして、心霊的医学を志し、精神療法を研究して実際の治療に応用した。医師にみせても病気の原因がわからなくて困っている人を霊的に診断し、憑依《ひょうい》などの霊的な原因を明らかにして邪霊退散法などを施術した。

―山室聖人　東京心霊協会会長（東京・本所）

あらゆる心霊術や精神療法を研究、体得して霊術家になった。瀬尾霊人が主催する自然癒能力法伝習会と連携して、講習会や講演会を開催している。

―坂本謹吾　坂本屈伸道院長（東京・上大崎）

同院の規定のみ記して、説明なし。

―太田俊夫　精神学院長（東京・小石川）

精気放射による疾病治療法を普及する目的で精神学院を創設して、最初は信者から相当のお賽銭を巻き上げたようだが、次第に参詣人はめっきり減った。今日ではその存在すら疑われるようになった。

―石井常造　生気療養研究所長（東京・麹町）

誰の教授も受けず、発明したというが、大山霊泉の修霊会に入って大山式光波術を習ったのは明らか。そしてこれを翻案して科学的にしたにすぎない。まるで軍隊式精神療法に思える。

―横山霊心　修道会本部主明（東京・深川東大工町）

同会の規定のみ記して、説明なし。

以下は名前と肩書だけで、組織の規定も記されていない霊術家たちです。

浅岡信堂　赤誠奉仕会長大教正（京都市西陣大宮通）

中井房五郎　自彊術開祖

中村春吉　中村式霊動治療所長

鈴木美山　健全教団長米国哲学博士
千葉霊煌　日本心霊研究会主幹
大曽根霊元　健心法普及会会司
山根大樹　霊命自療術研究会長
大橋俊憲　天療術本院長
寺本田丸　脳脊髄研究所長
林芳樹　健体会本部会長
角尾富岳　帝国霊顕会会長
松宮鉄岩　日本心霊学会治療院主
武藤文明　北大阪心霊治療所長
村田天然　神秘研究会会長
高島遙峰　観眞霊学研究会長
藤岡清龍子　精神療法奨励会長中教正
奥田聖心　奥田精神治療所長
松浦梅太郎　心霊治療院主
松田義勝　活霊会会長

福田直人	福田心霊治療院主
中野正次郎	中野式心霊治療院長
瀧本喬	瀧本心霊治療院主
栗原資之	大日本最新保健会長
斎藤霊光	大日本霊学研究会長
江波戸良碩	哲神療院院長
瀧本霊禅	霊能哲学研究会長
新関観霊	日本精神治療研究会長
宇佐美優芳	霊力研究協会長
富島霊腕	交霊舎主幹
佐藤哲朗	宇宙眞理研究会長
中島金海	帝国心身健康奨励会長
井上松吉	鎮魂帰神術伝習所長
高木鳳陽	心王霊医学宣教院長
阿部守安	心霊学研究会長
加藤憲夫	霊光洞支部長

久保寺快心　久保寺心霊療院主
横山一誠　日本心霊少壮団団長
大内重盛　心霊治療院長
上田芳太郎　養気術療院長
河合花一　河合心霊院院主
松浦利吉　心霊治療院主
菅野神岳　気神現心学会主
小池信一　強健会会長
中村範　健康法研究会長
伊藤幽芳　精神治療院長
常田昌稔　常田心霊療院長
藤谷白峰　修霊済世学会長
阿部清一郎　阿部心霊療院長
堀江玄光　耳根圓通学会長
片山霊清　霊能院院長
谷川生泉　自力健康普及会長

山口義夫　山口療院院長
高村静眠　高村禅治療院院主
小林霊旭　山崎式心霊療院長
瀬戸口霊瑞　感應院院長
高木島吉　体験療養社長
吉田天霊　九州心霊医学会長
比嘉良平　比嘉心霊治療院主
川内康玄　接触精神治療院長
井上覚浄　井上心霊治療院主
青良宮内　心霊公衆治療院主
宮川棋山　心霊治療院主
方夏栄　心霊治療院長
廣永太三郎　廣永心霊治療院長
竹中隆禅　霊学研究会長

部分的ではありますが、以上が『霊術と霊術家』に紹介された霊術家の概要です。霊術家人生の成功と失敗、栄光と挫折、光と影、生き様をつぶさに辿れば、人生をどう生きて、何を学ぶべきかが、最初はおぼろげかもしれませんが、やがてはっきりとわかってくるはずです。

また、呼吸法、あるいは霊術の根本的な考え方も千差万別であることがわかります。しかし、一つだけはっきりしているのは、やり方は違えど、霊術というものに裏打ちされた精神療法が確実に存在することです。そうでなければ、これだけの霊術家が現れることもなかったはずです。実際に多くの人たちが霊術によって治癒したからこそ、門前市をなすほど人気が出たのです。

しかも、信頼された霊術は、一時的な人気に終わらず、そのあとも末永く伝承・継承されてきました。たとえば、戦後、一世を風靡した整体哲学の祖である野口晴哉は、松本道別の弟子筋にあたりますし、明治大学の先生にまでなった西勝造は、太霊道の法術を簡単にした金魚運動を教えています。

中には途中で間違った方向に進んでしまった霊術家もいたかもしれません。西洋医学一辺倒の流れに押され、消えていった霊術家もいたでしょう。それでも現在に至るまで、一部は民間療法として、一部は名前を変えてスピリチュアル・ヒーリングとして、霊術に根差した古伝健康法は、脈々と現在まで生き続けているのです。

第4章

自己治癒力と病因論を理解する

怒りは頭の症状として現れる

第2章や第3章でとり上げた古伝健康法の中には、病因論という考え方があります。体の症状と心の状態とは深い関係があり、体のどの箇所でその症状が出たかによって、その症状を引き起こした心の状態がわかるという考えです。病気の原因が心の状態にあるわけですから、心の状態を変えれば病気が治ると考えます。

病因論といわれる考え方は、古伝宗教の中にもよく見られました。それらは古い言葉の中にも残っています。たとえば、「頭にくる」という慣用句がありますが、それはいかに頭痛や頭部の病気が「怒り」とかかわっているのかを如実に示しているともいわれるわけです。「耳障《みみざわ》り」とか「聞こえが悪い」という慣用句はやはり、人の言葉に対するストレスが耳にくることを表しています。素直に聞き入れない、あるいは聞き入れることができないときには、耳に何かの症状が出るとされています。

ここからは、古伝の病因論で説かれている内容を現代語で紹介しますが、すべてがすべて一〇〇パーセント正解ではないものの、病気に対する「心の気がまえ」をつくる、強くなる意味として目安にしてください。

「言霊《ことだま》を受容できない」ときには、耳に影響が出ます。たとえば、自分が意図しない言葉をいわれたときに、考え込んだり、激しい感情が即時に出たりして、その間は相手が何をいっているかさっぱり聞こえなかったりする場合があったとします。つまり、考え込みや拒絶という反応が出るということは、人のいうことが聞けない、聞かない、受容できないという性質に起因していることが多いのです。過去に対する激しいこだわりや憤り、俗にいう「許せない」という感情が強まると、耳の機能に障害が出ます。耳は腎臓や水とも呼応するといわれていますが、耳に異常があるということは、「水に流せない」という心の状態が背景にあります。「耳が痛い」はまさに「聞きたくない」「許せない」という感情が残っていることを示しています。

「目に入れても痛くない」とか「目の上のたんこぶ」といった「目」にたとえられる表現はやはり、愛情に恵まれていないとか、愛情のアンバランスに関係します。「かわいさ余って憎さが百倍」という言葉があるように、愛情が行きすぎると、怒りの感情のバランスも崩れます。また愛情面と金銭面は密接にかかわっているので、目の周りがしびれたり、目がしばしばしたりして辛いという症状も、金銭面の問題とかかわっている場合が多いといわれています。

早期から遠視が出る人は、現実と理想の差があまりにも大きい場合に起こるとか、近眼が早めに出る人は、家庭的な愛情面の問題があるなどともいわれます。目は身近な人との愛情面におけるコミュニケーションの状態が相対的に出てくるということは、古くからの伝承として残っているのです。

「鼻持ちならない」「鼻につく」「鼻が高い」「鼻を折る」などの慣用句に使われる「鼻」は、精神的なプライドと深い関係にあります。厳密に理想化された自己像があって、それを他人の前で無理やり通そうとしたときに、行き詰まり感があれば、鼻詰まりとなって表れることがあります。また、カッと腹が立てば、鼻血が出ます。少なくとも、そうなりやすくなります。他人を責めたり、振り回されている場合にも、鼻の調子が悪くなったりします。

「口」に関しては、話したい感情を非常に強く抑えたときに影響が出ます。感情を抑えすぎると、様々な不具合が生じることがあります。歯槽膿漏《しそうのうろう》になったり、口内炎になったりするのは、親や職場の上司に対していいたいことがたくさんあるのに、神経を使って言葉を選びすぎる場合になりやすくなります。唇の色が悪かったりするのは、社会的な立場に関係して困難にあっていたりする場合を意味することが多い。

若いうちから歯痛などで悩まされている人、虫歯になりやすいという性質の人は、純粋に噛みつきたい、文句を言いたいという激しい感情が現れてくる人であることが多いといわれています。

「喉」に関係する障害も、「口」と共通するところがあります。喉にまで症状が現れてくる場合は、何か理解しているけれども、非常に腹が立ったり責めたりしたくなる気持ちがあるときです。人を責めるときには喉がおかしくなるはずです。文句をいいたくなる感情がそのベースにあるわけですが、さらに痰が絡んだり、喉がひりひりして痛かったり、激しい症例が出る場合は、とにかく「自分の考えが通らない、通らない、通らない」という心の中のリフレインが喉の症状を悪化させているのだともいわれています。

当然ひどくなれば、咳き込み、風邪をひくなど免疫力の低下による症状をもたらします。そうした症状の背景の一つには、精神面では人を責めるという感情の結果として表れやすいという場合があるのです。

髪型や爪で問題のある性格がわかる

髪の毛にも、いろいろな心の状態が反映されます。運命的な性質が髪型などに現れやすくなるのです。

たとえば、額を隠す髪型を好んだり、前髪を垂らしたりする癖のある人は、やはり何か消極的な性質が出ている場合が多いようです。何かを得たいという願望が強いのだけれども、結果としてその消極性と、「得たい」という心の中だけの積極性の差によって、得たいものがなかなか得られないという焦躁感が非常に強くなる可能性があります。反対に、オールバックの人は、何事に対しても、いい意味でも悪い意味でも、積極的な感情が出やすくなります。

喘息《ぜんそく》とか気管支炎になる方は、基本的には人を責める気持ちが強いといわれています。自己を反省しない人、性格が難しい人も同様です。語呂合わせ的に「利《き》かん坊だから気管支が病む」「いうことを聞かんから、気管支炎になる」などといわれるのもそのためです。失敗を反省に変えるということができない人は、こういった呼吸器の深い場所に起きる症状がどうしても出やすくなるともいわれます。昔の人の言葉通り、正しく諭されたとき、素直に「はい」といえない人は、「肺を病みやすくなる」ものなのです。

そうならないようにするには、楽しく人を観察し、人がすすめることでいいと思ったものを聞いて楽しくやってみることです。自分に対する批判的なことも、必要だと思ったら詳しく聞いて、問題があるならその解決方法まで相手に尋ねてみるのも一興かもしれません。

貧血は、人に気を遣いすぎるから起こるともいわれ、それがさらに悲観的な気持ちとつながった場合は、ああだ、こうだと、堂々巡りを始めます。そこから脱出するには、ああだ、こうだをやめて、今をきちんとするしかありません。

肩を痛めたりたりするのは、他人をあてにする感情が強すぎて思うようにならなかった場合によく起こるとされています。肩が激しく凝るのは、過剰にあてにしたりする気持ちが強い場合に起きやすいといわれています。

肘は、他人に対して抑えられない怒りや、または非常に冷たい気持ちをもった場合に障害が出やすいとされています。手首を痛めるのは、仕事面での障害がある場合が多いようです。手の平を痛めるのは、受容できない他人の思いを自分が受けとったときに生じる場合があるといわれています。手の甲に現れるものは、自分の自信とかかわりがあります。自信を失うと、手の甲に傷を負ったりしやすくなります。

血は、人間の慈悲や感情とかかわっています。内出血をしたり、血管が切れたりするのは、感情が全体的にそこの部位とかかわっているわけですが、そこの部位にかかわる感情がすでに絶望的になっている場合、つまり慈悲の心や感情が死んでしまっている場合にも起きます。

手の爪には様々な表れがあり、爪が自然にとれる場合は、強いもの、社会的なもの、あるいは目上の人に対して、受け入れられない、面白くないと感じるときであるとされています。抑えが利かなくなる状態でもあります。よく爪を噛む人がいますが、親から抑えつけられているることに対しての不満の表れとみることができます。

爪をはがす癖は、「相手のいうことが聞けない」という感情の表れです。足の指や爪に何か障害が出る場合は、対象物が絞り切れない、漠然とした不満や恨み、親に対する反発があるといわれています。

わかってもらえないという気持ちが病をつくる

立ち眩《くら》みは、悲観的にものを見たり、自分をもっと見てほしい、わかってほしいと思ったりする心の状態によって生じる場合があります。

胃は、たくさんのものをため込み、思い詰めた場合と、激しい頑固さがあり、怒りで物事を強く拒絶している場合に問題が起きやすくなります。何かつまらないことに対して思い詰めると胃潰瘍に、「ガンは頑固から」という言葉があるように、頑固だと胃ガンになりやすいともいわれています。

肋膜炎を発症する人は、「冷ややかに文句をいいたい」という気持ちが強く、結核を発症する人は、「冷たい感じで人を責める」という気持ちと関係があるとされています。

胆石ができやすい人は、向こうっ気が強く、あっちがそうなら、こっちはこうしてやろうと不満をもっている人に多いといわれています。ヘルニアになるケースは、家の中で両親に対してもう一つ思ったことをやってもらえないという心の状態が背景にあるとされています。

「わかってもらえず、母がうるさい」などの激しい感情をもっている場合です。

糖尿病は、「目にかけてもらいたい。今までこんなにやってきたのに、なぜわかってくれないの！」という気持ちと関係があります。

冷え性の人は物事を悲観的に見たり、冷静に見すぎて血の通わない見方をしてしまったりする癖があります。

不眠にも、当然精神論的な意味、病因論的な意味があります。若い人で不眠だとすれば、愛情について全般的に考えがもつれている場合に起こります。中年層で不眠がよく起こるとすれば、お金や仕事についてのもつれが多くなった場合で、高齢者になると、食べ物の問題でよく眠れなくなったりします。

眠気が突然襲うのは、挫折感、物事が中途半端で終わったという思いによって生じることがよくあります。どうしても昼寝をしてしまうのは、身の周りの物、人、人材が眠っている、つまりうまく使われていない、無駄に所有されている場合です。

中指に現れる先祖の霊的因子

左手は男性、右手は女性を表します。

たとえば、左手の親指は、父親や祖父、あるいは自分が所属する組織のトップ、目上の上司などとの人間関係の状態に反応しやすいといわれています。右手の親指は、母親、祖母、目上の女性などと反応しやすい。

人差し指は、身近なところにいる他人を示しています。かつその中で責める気持ちを激しく使うと、人差し指に障害が出やすいとされています。

中指は、家のこと、または家の血統に関係する因縁とかかわっています。たとえば、パワースポットに行った場合、中指にある程度普段と異なる反応が出ます。温かくなったり、心地よい感じがあったりしたら、それは先祖が喜んでいる、あるいは先祖がいい感情でかかわった場所であることを示しています。逆に中指を怪我したり、中指に不快な痛みが走ったりすることがあれば、その場所は合わないということになります。

薬指は、自分自身を表します。それと親類縁者とかかわる場合もあります。優先順位としては、まず自分自身にかかわる反応があります。

小指は、交友関係、親しい友達関係と反応したり、子供や目下の人に反応したりします。何か痛みなど不快なことが生じれば、要注意ということです。この場合も左手の小指は男の友達、右手の小指は女の友達を表します。

足の指は、将来に関係することを示しています。両足の親指が同時に激しく痛むことがあったら、かつ自分自身に根本的な疾病がない場合は、やっていることをすぐに止める必要があります。それは「止めろ」という霊的なサインだからです。何か命にかかわる危険が迫っていて、方向性をすぐに変えなければいけないときの反応なのです。

感情と臓器の切っても切れない関係

臓器にもそれぞれ異なる気の性質が宿り、心の状態がやはり臓器に影響を与えます。それが最も顕著に現れるのが、肝臓、肺臓、心臓、脾臓、腎臓の五臓です。

肝臓は、五行では肝気と呼ばれる「木気《もっき》」がかかわっており、いわれのない軋轢《あつれき》や癒えない軋轢に反応します。特に組織の中で上と下に挟まれる中間管理職的な精神状態のストレスで肝気は悪くなります。環境でいえば、今住んでいる場所や、職場など今生きている場所が自分に合わないと、肝臓に影響が出やすくなるとされています。

心臓は、心気と呼ばれ、通常の怒りを超えた激しい怒りに反応します。強い興奮や激怒で心臓は痛めつけられやすいのです。逆にいえば、心気を良くしようと思ったら、興奮や激怒を止めることです。怒りを鎮めるように自分をコントロールするのです。「怒りの炎」という言葉があるように、心臓は「火の気」と関係しています。

脾気と呼ばれる脾臓は五行でいうところの「土の気」とかかわっており、立場に対するさまざまな思いに反応します。たとえば、急な転勤や職場替えが決まったとき、特に降格により今よりも良くない職場で働かなければならなくなったときや、住んでいる地域が災害で脅かされているときには、脾臓に問題が生じることが多いとされています。

喘息や気管支炎のところでも説明しましたが、肺臓は肺気と呼ばれ、人や物、食べ物に対する好き嫌いの感情に反応します。五行の「金《かね》の気」と関係しています。好き嫌いの感情が激しいと、肺の調子が悪くなります。

腎臓には、腎気という、主に「水の気」が宿るとされています。耳で説明したように、「水に流す」とか「水に流せない」という感情とかかわっています。腎臓周りに障害が出やすい人は、過去のことをよく覚えている人であるともいえます。

そういう人は、帳簿をつけたり、過去の判例や事例を覚えたり、記録を残したりする仕事や、過去のことを覚えておかなければならない秘書的な仕事に向いています。その一方で、過去の失恋や、嫌なことをされたことに対して根にもって、過去の思いにとらわれ、苛《さいな》まれると腎臓の調子が悪くなるとされています。

五行の特徴					
五行	木気	火気	土気	金気	水気
五臓	肝気	心気	脾気	肺気	腎気
顔の部分	眼	舌	唇	鼻	耳
体形的な特徴	すごく太っているか極端に痩せている。色黒だが爪先だけは白い。	肌は血管が透けるほどに薄く、色白。爪が赤い傾向がある。	手の指先が手全体よりも赤い。体型的はぽっちゃり型。	痩せ型で、特に首がすらっと長い。また骨太の人も多く見受けられる。	中肉中背で、均整がとれている人が多い。
性格の特徴	怒りに弱く、すぐカーッとくるが強く内側に抑える。	感激屋で、すぐ舞い上がってしまう。	立場、環境、イメージに影響されやすく、思い悩む癖がある。	現状に対して悲観的になりやすい。	未来を恐れる反面、過去にこだわる傾向が強い。
健康面の注意	肩や腰の筋を傷めやすい。	血管に障害が発生することがある。	筋肉が細ったり肉離れを起こしたりしやすい。	髪の毛や皮膚が過敏なアレルギー体質。	腰、首の関節が弱い。むち打ちに注意。
食事の注意	酸っぱいもののとりすぎに注意。	ビールなど苦いものはほどほどに。	甘味の強い食品へ偏りがちなので注意。	極端な激辛フーズは自重すること。	塩分過多の食事は腎臓障害の原因にも。
幸運の色	青	赤（紅、朱）	黄	白（金、銀）	黒
幸運の動物	羊	犬	牛	鳥	魚
良い方角	東	南	中央に止まって動かない	西	北
気に良い環境	怒りの感情を抑圧する環境は避ける。	一喜一憂する人間関係に身を置かない。	創造力を求められる作業には不向き。	未来の自分を常に意識しながら生きる。	過去にこだわるのはやめ、前向きに。

慣用句の中で生きている病因論

心臓に問題が出る人は短気だとよくいわれますが、同時に秘密主義者である場合が多く、自分に対して何か不都合があると腹を立てる人が多いとされています。

胸に何か痛みや反応が来た場合には、やはり物質面、金銭面での恨み辛《つら》みが絡む場合が多くあります。胸は好き嫌いという感情から発展する恨み辛みに反応しやすいのです。

俗にいう生霊《いきりょう》のようなものがかかわっている場合は、体の左腋下のあばら骨あたりが膨れたり張ったりします。「腹が膨れる」とか「腹が立つ」といった状態になりやすくなります。また、腹に関して言えば、腹を壊しやすい人は、人の腹を探るからだともいわれています。

このように繰り返し日常用語の中に出てくる身体論的な慣用句は、病因論と密接にかかわっていることがわかります。

「息詰まり」「腹を探る」「腹を壊す」「鼻持ちならない」「目に入れても痛くない」「耳障り」「耳が痛い」「足が出る」など、私たちは、日常使っている言葉の中で病因論的な有り様を確認しているようにも思えます。

音で神々しい世界とつながる

最後に音と身体の反応についても説明しておきましょう。

人の心理は外部からの色、音、形などの刺激に対して反応します。特に音に対しては敏感に緊張したり弛緩《しかん》したりするものなのです。

たとえば、クラブのように重低音の定期的な響きのある音を聴くと、人は腰から動き出そうとします。クラシックのように流れるような曲を聴くと、胸から熱くなってきます。あるいはハードロックやヘビメタを聴くと、なぜか頭を振って首から動こうとします。つまり、音の刺激の性質によって反応するツボが全部違うわけです。

高音の金属的、電子的なうなりや響きには、首と頭が反応します。クラシック音楽や弦楽器の響き、それにオペラなど人の声には、胸の上丹田と呼ばれる場所と反応します。いわゆる気合や人の声は、みぞおちや腹の中丹田と呼ばれる場所と反応、打楽器や低音の響きには、腰や下丹田と呼ばれる場所が動かされるのです（次ページ「代表的な気に関するツボ」を参照）。

そのため、音がある一定のリズムをもったり音階をもったりすると、ある特定の部分をリラックスさせやすくなります。ですから、音楽に合わせて踊るツイストとかクラブダンスな

代表的な気に関するツボ（ヨガのチャクラ）の一部

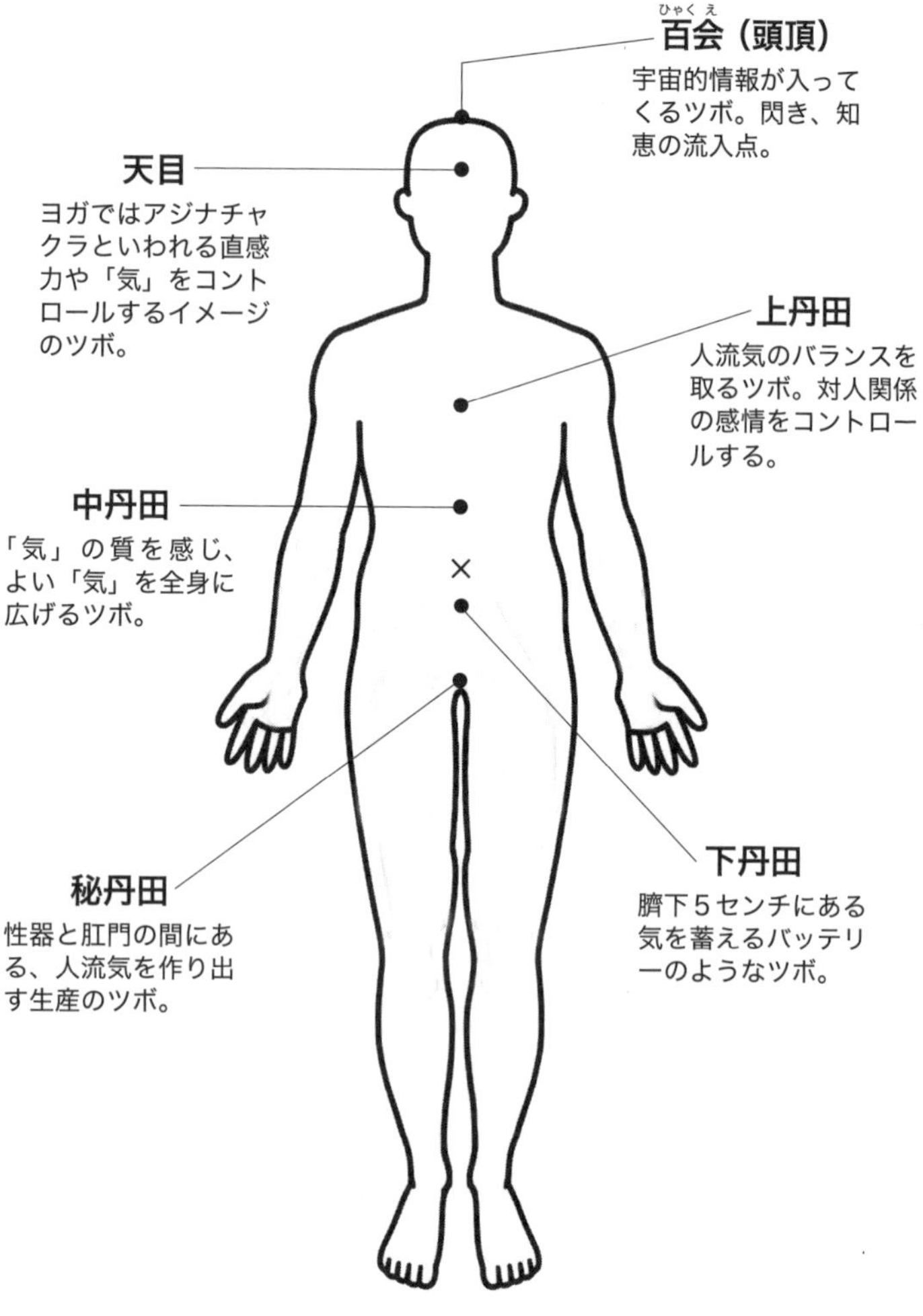
百会《ひゃくえ》（頭頂）
宇宙的情報が入ってくるツボ。閃き、知恵の流入点。
天目
ヨガではアジナチャクラといわれる直感力や「気」をコントロールするイメージのツボ。
上丹田
人流気のバランスを取るツボ。対人関係の感情をコントロールする。
中丹田
「気」の質を感じ、よい「気」を全身に広げるツボ。
×
下丹田
臍下５センチにある気を蓄えるバッテリーのようなツボ。
秘丹田
性器と肛門の間にある、人流気を作り出す生産のツボ。

ども、それぞれの部分をリラックスさせようとする行為にほかなりません。

レゲエなら、もう単純に心臓や胸のあたりをほぐし、決して頭で聴いてはいけません。胸や胃のあたりで聴くようにします。なぜなら胸や胃袋など、非常に感情との連動がはっきりしている器官をリラックスさせようとするからです。

かつてヘビメタが知的な反骨精神の強い若者たちの間ではやりましたが、あれは受験戦争が厳しかった時代で脳そのものをはっきりとさせるために、脳に響く高音や金属音の音楽が求められたからではないかと思われます。

低域の音の成分（ドン）は腹から腰のあたりに、高域の音の成分（シャリ）は脳天に響きます。このドンとシャリの両極の音響成分を強め、パルス刺激して同時に与えていく響きを「ドンシャリ」と呼ぶそうです。

音の響きが人体の下（腰）と上（頭）を同時に刺激することで、人体をとり囲むエネルギーフィールドが活性化していきます。そのことで心が緩むのです。

言い換えると「ドン」の低音が腹から腰に響くと、霊的中枢である丹田が刺激され、人体をとり巻くエネルギーフィールドが強化できます。それによって心身に活力がみなぎり、日常生活に忍び寄る「魔」を払うことも可能になります。

低音を出す太鼓などの楽器と高い音を出す金属打楽器を多用する、お祭りや宗教儀礼の音楽は、意識を神々しい世界につなぎ、そこから霊的な栄養を響きに乗せて引っ張ってくる霊術だとみることもできるのです。

また、四四〇ヘルツの音を断続的に聴かせると、人間の能力は非常に高まることもよく知られています。赤ん坊の最初の泣き声が四四〇ヘルツで、オーケストラの音合わせも四四〇ヘルツが国際基準音となっていることは、偶然ではありません。以前、インドのある病院で、この赤ん坊の産声《うぶごえ》が救急病棟に間違って流れたことがあり、その際、救急病棟の患者の治癒率が跳ねあがったという出来事がありました。

この四四〇ヘルツというのは、人間の機能回復というか、健康維持能力のようなものを強くさせる、自己治癒力を強くさせる力があるのではないかと考えられるようになってきたのです。ですから、ギターで四四〇ヘルツの音叉を聴かせながら体をヒーリングする技術などがあるのです。

第5章

気を体にとり込む
最奥義の霊術

天、地、生命の三つの気が「外気」を構成

第1章では、気を感じ取る受信系の体質か、気を出す能動系の体質かで、それを強めたり弱めたりしてバランスをとる食事健康法について語りました。第2章と第3章では、昔から日本ではある種、気の概念をとり入れた霊術家による精神療法があり、それが世間では当たり前のように健康法として用いられ、実際の効果があったので好評を博していたことを紹介しました。そして第4章では、私たちの体が感情や心の性質と密接に結びついており、その性質が偏ると特定の臓器や体の箇所に特定の症状が表れることを明らかにしました。

ここからはもうちょっと踏み込んで、気の性質を詳細に分けて、それをどうやって体内にとり入れていけばいいのか、その具体的な方法について説明しましょう。気には、大きく分けて「外気」と「内気」の二種類があります。

内気とは、人間の体内を循環する気で、第3章で説明したように、肝、心、脾、肺、腎の五つの臓器がそれぞれに気を発生し、これが経路というツボに沿って流れているのです。

外気とは、私たちをとり巻く環境に流れている気で、これが体内に吸収され、ブレンドされた結果、内気になるとされています。つまり、内気を高めるにはいかにいい形で外気をと

り入れられるかにかかっているというわけです。

外気は、「天の気」「地の気」「生命の気」の三種類に分けることができます。「天流気」「地流気」「人流気」と呼ぶこともあります。

天流気は、宇宙から降り注ぐ気の力です。地流気は地球が発している気。人流気は人間をはじめとするすべての生命体がお互いに影響し合っている気のネットワークと呼べる力です。

「外気」をとり入れる運動が盆踊りでありバレエだった

天、地、人の三つの気（次ページ「外気の三原理」を参照）を効率よくとり入れることができれば、私たちは非常に元気になるわけですが、ここでもバランスは重要な問題となります。たとえば、今私自身が、天流気は体内に豊富にチャージされているけれども地流気が不足気味だという場合は、地流気をより吸収する必要があります。地球の大地などの気を感じやすいところにいけば、吸収しやすくなります。どうも人流気が欠けていると思えば、人の大勢いる場所に出かけて人の気をいっぱい溜めこめばいいわけです。

天、地、人それぞれの気を集める非常にシンプルな方法があります。後ほど詳しく説明しますが、簡単にいうと、天の気を吸収するポーズは両手を上に上げるだけです。万歳の姿勢

外気の三原理

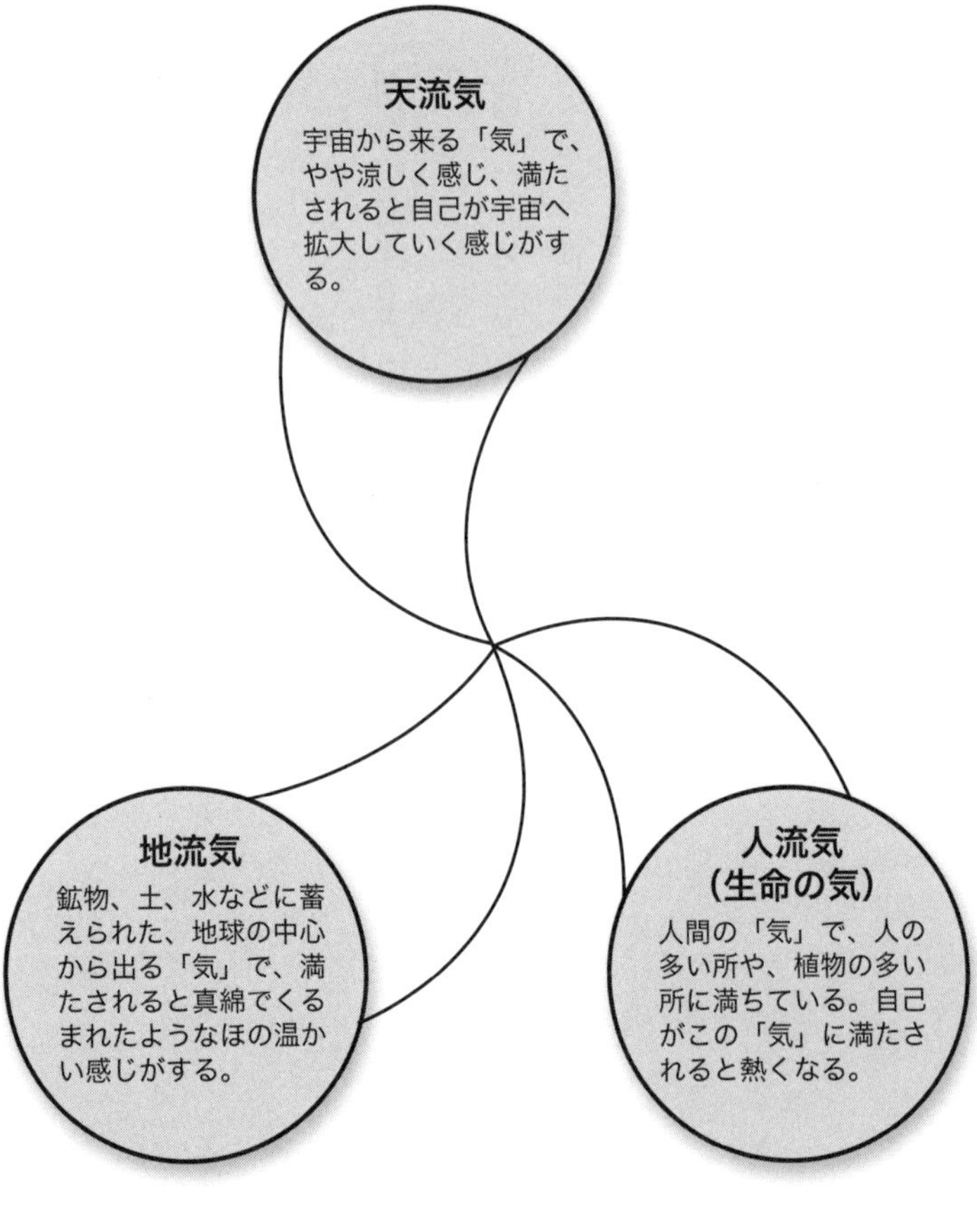
天流気
宇宙から来る「気」で、やや涼しく感じ、満たされると自己が宇宙へ拡大していく感じがする。
地流気
鉱物、土、水などに蓄えられた、地球の中心から出る「気」で、満たされると真綿でくるまれたようなほの温かい感じがする。
人流気
（生命の気）
人間の「気」で、人の多い所や、植物の多い所に満ちている。自己がこの「気」に満たされると熱くなる。

です。地の気は両手を身体の横でやや広げるだけ。生命の気は、肩の力を抜き、大木の幹《みき》をだき抱えるように身体の前に両手で輪をつくれば吸収することができます。驚くほど簡単でしょう。

私たちの先祖である古代人は、この基本ポーズを経験則で知っていたように思われます。古くから伝わる舞踊やお祭りの儀式の中には必ずといっていいほどこれらの三つのポーズが含まれています。いちばん身近な例でいえば、日本の盆踊り。身体を左右にひねりながら、片手で天の気のポーズ、もう一方で人の気のポーズ、あるいは片手で地の気のポーズ、もう一方で天の気のポーズをして、それらを組み合わせて交互に繰り返しながら、踊っています。これに低音域の太鼓の響きや高音域の笛の音、それに歌謡の歌声が加われば、健康術としては鬼に金棒です。

実は、ヨーロッパのダンスやバレエも同様です。バレエの手の動きは天、地、人のポーズの組み合わせです。それに、ひねりやつま先立ちで身体を回転する動きや跳躍を加えているわけです。

あらゆる舞踊の形態は、この三つのポーズの組み合わせから成り立っています。気の基本法則に則っているといっても差し支《つか》えないでしょう。

もっと単純に説明すれば、私たち日本人はうれしいときに万歳をしますが、あれも天の気と地の気のポーズの繰り返しです。うれしいときに、より元気になろうとして、ああした動作をするようになったのではないでしょうか。万歳は文字通り、まさに長生きできる健康のポーズであり、運動なのです。

天、地、人の気を高める「とっておきの方法」

簡単なポーズで、だれでも確実かつ効率的に外気をとり込める「とっておきの方法」を伝授いたしましょう。

(1) 天の気

最初は天の気を受けるポーズです。まずは、両足を肩幅に開いて立ちます。つま先はハの字に開かずに、左右の足は平行にして正面を向くようにします。ひざは若干曲げ、余裕をもたせます。こうすれば、後ろから押されても簡単には倒れません。武術の立ち姿勢の基本でもあるのですが、気のポーズの場合も同様です。すべての気功の基本姿勢なので、よく覚えてください。

この姿勢から手を上げるわけですが、イメージとしてはバレーボールでトスを上げるときの感じです。手首をねじり、手の平を天に向けるようにして、重心をわずかに身体の中心より後ろにもっていくようにすると、自然に胸が開くのがわかるはずです。ポーズが完成したら、手の力、肩の力を徐々に抜いてリラックスしてください。目は軽く閉じるといいでしょう。これだけで潜在意識はかなり落ち着いているはずです。

気持ちを落ち着かせる秘訣は、手の平の真ん中にある「労宮《ろうきゅう》」という左右の手のツボと、あたまのてっぺんにある「百会《ひゃくえ》」というツボの三点に意識を集中することです。そして、宇宙からサワサワサワサワーッと水が流れるように天の気が体内に染み込んで、全身を巡った後、足先から抜けていくのをイメージするといいでしょう。

このとき、背中の中心の背骨に沿った部分が普段よりほんの少しひんやりしたものを感じるはずです。それも悪寒ではなく、スーッと染み入る心地よい冷たさです。そして、手の平が軽くピリピリとしびれる感じがすると思います。これが、天の気が体内にチャージされているときの感じなのです。

上半身、特に乳首と乳首を結んだ線よりも上に異常が出るのは、天の気が不足している状態なので、このポーズで必要な分を補ってあげてください。慢性的に頭が痛いという方は、このポーズをしばらくとるだけで相当に頭が楽になるはずです。

（2）地の気

次は地の気を受けるポーズです。基本姿勢は天の気のときと同様、肩幅に足を開いて立ちます。両手を身体の横に下げ、やや広げます。基本的にはこれだけです。

そうしたら胸を張ってゆっくり深呼吸をしてみましょう。息を吸い込むのに合わせて、両足の土踏まず以外の場所と、両手の平の中心以外の指先から大地の新鮮な気が体内に入ってくるはずです。息を吐くときは、身体にこもっていた余分な気、それに不安やイライラが、両手と両足の中心部分から大地にスーッと流れ出ていくとイメージします。大地のきれいな気で全身の気を洗い清めている様子を頭に思い描くといいでしょう。

このとき、手の周りや足の周りが他の部分に比べてほんのりと温かく感じるはずです。ただし、激しい熱さではありません。優しく真綿にでもくるまれたような、母親に抱かれているような安心できる温かさです。敏感な人は、ちょっとねっとりとした空気を感じるかもしれません。これが地の気のフィーリングなのです。

地の気は、おへその五センチ下にある丹田というツボから下、下半身に影響する気です。乗り物に長時間乗って腰が痛くなったときなど、ちょっと地の気を吸収するポーズをとれば、たちどころに痛みが消えていくはずです。

地の気をより吸収しようと思ったら、歩くのもいい方法です。それも、ゴム底の靴ではな

天の気を受けるポーズ

地の気を受けるポーズ

人の気を受けるポーズ

く革底の靴を選ぶと、より吸収効果が高まります。

(3)人の気

最後は生命の気、人の気を受けるポーズです。同様に足を肩幅に開いて立ったら、今度は腰を軽く前に突き出す感じで、肩をわずかに落とします。そして、背筋の力を十分に抜き、リラックス。ただし、首を下げると気持ちも沈んでしまうので、顔は正面を向きましょう。

この姿勢から手の平を内側に向けて、両手で大きな輪を作ります。大木を抱きかかえる要領です。天の気を受けるポーズから手を前にドッコイショと回すと自然に人の気のポーズがとれるはずです。

この状態でゆっくり深呼吸をします。息を吸うときはパワフルなものをイメージしてください。空を飛ぶ鷲でもいいでしょう。あるいは大地を駆けるライオンでも構いません。とにかく強そうなものをイメージします。一

天の気を受けるポーズ

地の気を受けるポーズ

人の気を受けるポーズ

方、息を吐くときは、自分の身体の弱っている場所から弱い気が煙となって立ち昇るイメージをもち、ゆっくりと吐き出します。

すると、胸から脇のあたりがジワーッと熱くなるのがわかるはずです。それは満員電車の暑さに近いかもしれません。バーゲンセール会場の熱気にも似ています。地の気の温かさより、こちらはかなり熱いのですが、これが人の気が体内に入る瞬間の感じなのです。

人の気は身体の中心部分の気ですから、お腹の調子が悪くなるのは、明らかに人の気が欠如しているせいです。人の大勢集まる場所に行って、積極的に人の気を蓄えてください。

天、地、人のポーズを毎日一五分ずつとるだけで気は確実に高まります。ヨガや気功などでは、複雑なポーズが何百種類もあり、覚えるだけでも何年もかかってしまうし、中にはよほど身体が柔らかくないととれないポーズも少なくありません。しかし、その大半は本来必要ないか、もっといってしまえば、弟子を簡単に追いつけなくするために師匠が考えたものである場合が多いのです。本当に気を吸収することだけを考えるのなら、この三つのポーズだけで十分なのです。

天、地、人のポーズにはそれぞれ座式もあります。呼吸法は同じです。

奥が深い「大の字」の気功

天の気、地の気、人の気それぞれを吸収するポーズはわかったでしょうか。しかし実は、天、地、人の三つの気を同時に吸収する「とっておきのポーズ」というのもあります。しかも、こちらのほうが天、地、人のそれぞれのポーズよりも、さらに簡単です。練習も必要ないし、コツなども全く要りません。このポーズを経験したことがない人も、まずいないはずです。それだけポピュラーな姿勢なのです。

それは、ただ床に仰向けに寝て大の字になることです。本当にただこれだけなのです。気功の世界ではこのポーズを「オーガ法」と呼んでいます。

大の字に寝ることで、正中線の筋肉が両側に引っ張られるのがわかると思います。この全身をオープンにした姿勢をとると、私たちの身体が最も気を吸収しやすくなるといわれているのです。

どうですか。あまりに単純なポーズだったので、呆気《あっけ》にとられている人もいるのではないでしょうか。しかし、私たちは意外に大の字の効果について、過去にも経験しているはずなのです。疲れたときに、芝生の上で、あるいは土の上で大の字になって寝転がったことはありませんか。きっと一度や二度の経験ではないはずです。

ほかにも、昔から日本には「大の字信仰」というのがあるのはご存じだと思います。最も有名なものでは、京都の大文字焼きがありますし、今も関東の農家では家の戸口に大の字を張っているのを時々見かけます。あれはいずれも大の字を宿すという意味なのです。昔の人は、ポーズの意味ではなく、大の字そのものに意味があると考えたのでしょう。

しかも、この大の字気功、実際にやってみると、意外に奥が深いことに気づきます。ただ寝るだけですが、なんとなくしっくりこない人もいるはずです。特に、肩や腰などが痛いとか凝りがある場合や、内臓にアンバランスがある人は、大の字に寝ると最初、非常に不快に感じるのではないでしょうか。どことなく居心地が悪いというか、落ち着かない気持ちになってしまう。もし、そうなったら、とにかく自分の気持ちが落ち着くまで、身体を動かしてみてください。手足をバタバタさせたり、背中をよじったり、滅茶苦茶でも構いません。そうやっておいて、また大の字になってみます。まだ不快感が残るようなら、再び身体をジタバタさせて、再チャレンジしてみてください。

こうして大の字に寝ても落ち着けるようになったら、しめたもの。三つの気が体内に入り、凝りや歪《ゆが》みが解消され始めた証拠です。

童心に返ると細胞も若返る！

大の字気功をさらに効果的にするためには、心のリラックスも欠かせません。そこで今度は、精神的にリラックスして、気を高める方法を紹介します。

まず、大の字に寝たら、軽く目を閉じて全身の力を抜いていきましょう。

一般的な瞑想もそうですが、リラックスするのになぜ目を閉じるのでしょうか。実は、人間の感覚の中で、脳を最も興奮させているのは視覚だからです。目を閉じるだけで脳はリラックスモードに入り、α波を出し始めます。しかし、しばらく目を閉じていると、周りの雑音が気になって仕方なくなる場合もあります。これは人間の防衛本能のなせる業で、目が使えなくなったために視覚以外の聴覚や嗅覚、触覚の感覚が鋭くなってしまうからです。

この状態を脱出したいなら、呼吸に集中するに限ります。呼吸に意識をもっていくことによって、自然に気分が落ち着いてくるのです。では、どのような呼吸法をすればいいのでしょうか。

実は、和気功だけでも三〇〇種類以上の呼吸法のバリエーションがあるといわれています。世界中のあらゆる呼吸法を合わせれば、優に五〇〇を超えてしまう。しかし私は、複雑な呼吸法は必要ないと思っています。すべての基本は、ゆっくり吸ってゆっくり吐く。和気功の世界では昔から「長い息は長生きに通じる」といわれていますが、これだけで十分なのです。とにかく細く長く吸って、細く長く吐く呼吸の繰り返しが大事なのです。

できれば吸うときは鼻から、吐くときは口からと使い分けるといいでしょう。鼻と口ではそれぞれリラックスさせる神経系統が違うためです。ただし、鼻が詰まっている人は口から吸って口から吐く口呼吸でも一向に構いません。大切なのは、細くゆっくり呼吸することなのです。

呼吸が安定してきたら、今度は自分が小さかったころ、一五歳以下のときの楽しかった出来事をイメージしてください。運動会、友達の顔、先生の顔、校庭の様子などなど。初めての経験でワクワクした思い出でもいいでしょう。初めて新幹線に乗ったときのこと、初めての動物園、初めてお金を使ったときもワクワクしたはずです。楽しかった出来事なら何でも結構です。

中国ではこれを「童心法」といいますが、人間の身体は一五歳以下の子供のころのことを思い出すと、細胞が自然に当時のエネルギーに満ちた状態をとり戻そうとするのです。実際に、子供のころの楽しいことを思いめぐらすだけで、不思議と顔の筋肉の余分な力が抜けていい顔になっているのがわかるはずです。これが本当の意味での心と身体の同時リラックス状態です。

潜在意識を通して「休め」の命令を

顔の緊張がとれたら、そのまま全身の力を抜いていくようイメージします。イメージする、集中するといってもわかりにくいかもしれませんが、あまり難しく考える必要はありません。力を抜きたいと思いながら、その場所のことをチラチラッと思うだけでいいのです。

イメージするというと、映画でも見ているように鮮明な絵や映像を思い浮かべなければならないと思って人もいるようですが、これができるのは超能力者だけです。一般の人のイメージは、常に刹那的《せつなてき》で、ふと浮かぶとすぐに消えていくものです。長時間イメージを維持するのは大変難しいもので、誰にでもできるというわけにはいかないのです。だから、次々といろいろなものをイメージするだけでいいのです。これが集中やイメージをするときの秘訣です。別に焦る必要はありません。

　では実際にやってみましょう。まず足の親指の力を抜いてください。それができたら、爪先、足首、ふくらはぎ、脛、膝、腿全体、腰、背中、お腹、胸、肩、ひじ、胸全体、首、あご、顔全体、歯茎、鼻、目、額、頭へと次々に力を抜いていきます。頭の上から順に降りる方法もあるのですが、現代人、特に都会生活者は足腰に疲れがたまっている場合が多いので、下半身のほうから徐々にリラックスしたほうがいいかもしれません。

　そして仕上げに、頭の中でお寺の鐘をゴーン、ゴーン、ゴーンとゆっくり三回鳴らして、目を開けてください。

　私たちは日ごろ、自分の身体に対して「もっと働け」「すぐ働けるように準備しておけ」という命令を出し続けています。何の苦も無くすぐに身体が動くのもそのためです。ところが、これを解除することはありません。「今日はご苦労さん。もういいよ。後はゆっくり休んでおくれ」とはいいません。だから、いつも緊張状態にあるのです。疲れが慢性的に溜まってとれないのもそのためです。

　実はこうして潜在意識を通して「休め」の命令を送るだけで、疲れがとれるし、リラックスできるものなのです。肩が凝ったときもマッサージに行くよりも「肩さん、ゆっくり休んでください」と潜在意識に命令するほうが確実なくらいです。忙しい毎日ですが、こうした時間が一日に一五分くらいはあってもいいのではないでしょうか。

また、天、地、人の気のバランスをとる別の方法として、第1章で紹介した食事健康法を使う手もあります。それぞれの食べ物は三つの気に分類できるからです。それを示したのが次ページの表（気による食べ物の分類）です。

たとえば、朝食で天の気を多くとりすぎたなと思えば、昼食では天の気のものを減らす。あるいは朝食で気の強い食べ物ばかりを食べた場合は、夕食ではあまり気を含まない食品にするのもいいでしょう。私の場合は、基本的に一日のエネルギーとなる朝食では気の強いものを食べて、夜は気を落ち着かせるために弱いものを食べるようにしています。ただ、これは朝型の人の場合で、夜型の人の場合は、昼食や夕食に多少気の強い食べ物をもってきたほうがいいかもしれません。生活パターンに合わせていろいろと工夫してみてください。

大切なのは、朝、昼、晩の三食のトータルで天、地、人の強弱がバランスよく、味に極端な偏りがないこと。これが理想の食生活なのです。

気による食べ物の分類

魚介類			肉　類			野菜・果物			
弱	中	強	弱	中	強	弱	中	強	
シジミ、アユ、イワナ	アサリ、サンマ、キス	シラス、ハマグリ	鶏肉（ミンチ）	鶏肉（手羽）	鶏肉（ササミ）、鴨肉	ハクサイ、キャベツ	ホウレン草、ミツバ	シソ、パセリ、アロエ	天の気
カツオ、ブリ、サバ	アンコウ、マグロ、ヒラメ	サザエ、アワビ、カニ、エビ	ウサギ	カエル	猪肉、熊肉	サツマイモ、ギンナン	ジャガイモ、ゴマ	ヤマイモ、ショウガ、タケノコ、キノコ	地の気
クジラ、イルカ	フグ、トビウオ、ウナギ	タイ、カサゴ	馬肉	豚肉	牛肉	メロン、スイカ、ビワ、リンゴ	ミカン、レモン、パパイヤ	モモ、イチゴ、グレープフルーツ	人の気

ヒーリングにチャレンジする

天、地、人の気が体内に十分に補給できたら、これを使って今度は他人の身体を癒すヒーリングができるようになります。

ヒーリングは一般的には「癒し」と訳されていますが、それぞれの場面によって、リラクゼーションのことをいったり、病気の治療法だったりと、臨機応変に使い分けられているので、ここで一度整理してみたいと思います。

もともとの語義が「ホーリー（神聖な）」とか「ホール（完全な）」ですから、「神聖なものに触れて完璧になる」という意味合いがヒーリングには含まれているようです。神聖なもののルーツは、ロイヤル・タッチにあるといわれています。英国の王様やローマ法王が、庶民に触れるだけで病気を治してしまった。これが一般に広まって、今のヒーリングに発展したのだと思われます。要するに、キリスト教用語なのです。

一方、東洋的観点といいますか、気功術の世界では、自然な状態に戻す、浄化するという意味合いで使われることが多いようです。

たとえば、ここに二人の人間がいるとします。一人は気が充実していますが、もう一人の

気とヒーリング

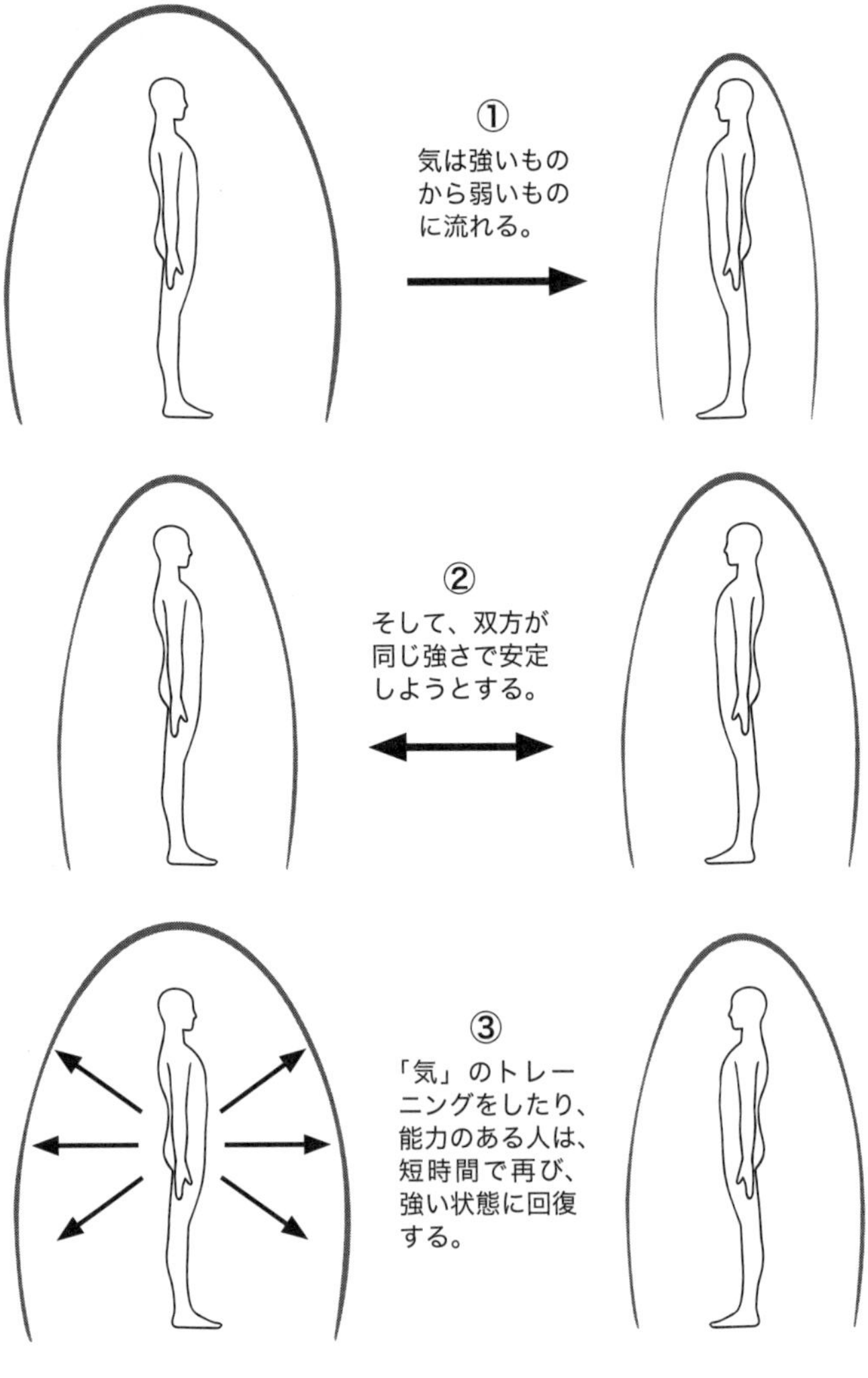
①
気は強いもの
から弱いもの
に流れる。
②
そして、双方が
同じ強さで安定
しようとする。
③
「気」のトレー
ニングをしたり、
能力のある人は、
短時間で再び、
強い状態に回復
する。

気はとても弱っています。仮にその人の胸の気が減退していたとしましょう。二人がそばにいて触れ合っていると、強い人の気が弱い人に流れ込みます。すると、弱っている部分が回復し、やがて二人の気は同じ水準で落ち着くのです。つまり、低いほうは高くなるが、高いほうは下がってしまう。

しかし、高いほうはもともと強い気をもっているので、すぐに回復して元の水準に戻ることができます。一方、弱かったほうも強いほうから気を分けてもらったことで気が正常さをとり戻し、ここからは自分の力で気を維持することができるようになるというわけです。

要するに、水と同じで「水（気）は高いところから低いところに流れる」という原理を応用した癒しの技法がヒーリングなのです。

よく専門の訓練をした人や、生まれつき気の能力が優れている人でないと他人を癒すことはできないと思われていますが、これは大きな間違いです。ちょっとしたトレーニングで、だれでも気で他人を癒せるようになります。

ヒーリングのコツは「同調」と「集中」

そのヒーリングを行ううえで、一番重要なのは「同調」です。

私たちはこれをチューニングとも呼んでいますが、これができるようになれば、ヒーリングができるようになったといってもいいほどです。

相手を癒すためだからと、相手に手をかざせばいいというものではありません。もしも、自分の中に相手の気をコントロールしようという気持ちが少しでも働けば、絶対に気は相手に届かないからです。無理やり作用しようとしたり、緊張した気を送ろうとしたりすると、相手もそれを察知し、その気をブロックしてしまうのです。

人間には、気を感じる能力に加えて、気を遮断する能力も備わっています。相手を気で癒すためには、相手のもっているバリアをクリアしない限り、気は届きません。まずは相手に自分の気は安全な気ですよ、無害ですからバリアを解除してください、という意志を伝達することが先決です。

そのためには、まず自分自身がリラックスして、自分の身体から気が出ているというイメージを明確にもつことです。間違っても気で相手の気を支配しようなどとは決して思ってはいけません。自分の手の平からいい気が出ているというイメージに楽しく集中します。

先に説明した童心法を使って、子供のころのワクワクした経験を思い出すのもいいかもしれません。こうして自分の気持ちがリラックスすれば、相手も自然にあなたの気を受け入れるようになるはずです。まずは、このコツを身体で覚えるようにしましょう。

今は競争社会の時代であるとよくいわれます。しかし、相手を支配してやろうとか、足を引っ張ってやろうなどという心をもって気の世界で競い合えば、必ずお互いを滅ぼします。競争心から生じた嫉妬とか引きずり落とそうとする思いは、具体的な力となって相手の心を傷つけたり、または自分が傷つけられたりするわけです。

大事なのは、人と競い合うことではなく、とにかく自分に集中することです。人と比べて自分を認識するのではなく、自分の能力をどこまで伸ばせるか、ということに集中します。

自分の気を伝えたいと思ったら、たとえば相手に手をかざしているのなら、そのかざした手の平に意識を集中させることです。そして、自分の心を和《なご》やかにして、いい感情をもちながらリラックスしていくと、相手の体とこちらが出している気が同調して、初めて相手の体が揺れだしてきます。そのときに、パッとイメージしたものをポーンとぶつけると、相手もそれに合わせて反応するようになります。これが同調の始まりです。

競い合う世界とは全く違う世界です。緊張して競い合おうとすることでは絶対に交流できません。相手に影響を与えようと思うのではなく、ただ一心に自分の気を高め、それに集中することです。

チューニングとヒーリングの具体的な方法

理屈はこの辺にしてトレーニング方法に移りましょう。気の初心者の場合は、実際にヒーリングの作業に入る前に自分で「気とは何か」を感じることから始めましょう。

まず、右と左の手の平を一〇センチ程度離して向かい合わせ、指先から徐々に力を抜いていきます。これができたら、さらに手首からひじにかけての腕全体の緊張をとってください。とにかくリラックスします。すると、手の平にピリピリするものを感じませんか？これが、気が出ているときのフィーリングです。まずはこの感じを確認することがヒーリングの第一歩です。

手の平のピリピリ感がつかめたら、送り手は受け手の背中側に立ち、受け手に「軽く目を閉じ、二、三回深呼吸」してもらってください。そして、送り手は相手が女性なら左手を、相手が男性なら右手を、それぞれそっと背中のあたりに差し出します。手を相手にかざしたら、ここでも指先の力を抜いてください。相手の気とチューニングします。

ここで、「相手に気を送るのだ」と気負いすぎるのが最もよくありません。自然体で、いい気を出すことに集中することが大切です。そして、「自分の気は悪い気ではありません。安心してください」と心で念じて、自らもリラックスを心がけます。その際、先の童心法を使ったり、口角を上げてスマイル顔を作ったりするのも、リラックスするコツです。

そして、相手の肩が微妙に揺れてきたら、あなたのリラックスした気が相手に伝わって、受け手のバリアが解除されたシグナル。つまり「気のチューニングが」成功したことになります。

ではなぜ、気が同調すると身体が揺れるのでしょうか。実は、これは眠りに落ちる一歩手前の状態と同じなのです。つまり、送り手からいい気が供給されたことで、受け手の身体がそれに呼応する形でリラックスしようとして、かつ慢性的に身体に染みついている緊張をとろうとしているのが、微妙な揺れとなって表れるのです。

チューニングが完了したら、受け手の身体の揺れが次第に大きくなるはずです。大きく前に押し出されたり、後ろに引かれたりします。中には、トントンと前に歩き出す人もいるかもしれません。その際、送り手はこの受け手の動きに逆らわないことが大事です。相手が前に倒れていったと思ったらそれを押すように、後ろに下がってきたなと感じたら引くようにイメージしてください。すると、受け手の動きが一層大きくなるはずです。これが、気同士のコミュニケーションです。
ここまでできれば、あと一歩。実際の「ヒーリング」に挑戦してみましょう。ヒーリングの最終段階は、相手の気はどこが詰まっているのか、どこが弱っているのかを探す作業です。ただし、どこが悪いかを探すことにあまりにも集中しすぎると相手も緊張してしまいますから、なるべく自然体を保つように心がけてください。

人差し指で相手の頭から背中、腰、足へと全身を指してみてください。指先から気が出ているイメージをもちながら、リラックスして。すると、あるポイントを指した瞬間に相手の身体がグラッと動くなど、急に反応が強くなる場所があることに気が付くはずです。そこが、気が不足している場所です。

そこが見つかったら、あとは弱っている部分に針を刺すように気を水のようなイメージで送り込むだけです。実にシンプルです。これで相手の弱っている部分に気が入り、霊的に回復するのです。

それどころか、同調できていれば、どこが悪いか探さなくても、相手を癒そうと思うだけで、こちらの潜在意識が働いて、自然に相手の弱っている部分に気が入っていくようになります。ちょっと難しいのは同調だけです。同調さえできれば、実はヒーリングもできたようなものなのです。

三・五日の周期を活用する

気のパワーには感じる力と出す力があるといいました。感じるほうを鍛えるのが、天、地、人のポーズであり、出す力を高めるのが他人の気とのコミュニケーションです。つまり、気を高めたいと思うなら、この二つの作業を行えばいいのです。

私はこれを一週間単位でトレーニングすることを推奨しています。それも一日のトレーニング時間は一五分。それ以上やると、すぐに飽きてしまいますから、継続的に行うためにも一五分という時間を厳守してください。

一週間で区切ったのは、人間の身体の周期が三・五日だからです。これが二回で七日。適当にいっているわけではありません。しかも、七日で定着させたものは、ほぼ三週間は定着します。三週間で定着させたものは、三か月。さらに三か月で定着したものは、三年六か月はもつといわれているのです。嘘だと思うなら、ご自分で試してみてください。

お医者さんが出す薬が三日分というのもここから来ているのです。これを二回繰り返して症状が治まれば、めでたく完治というわけです。三日麻疹《みっかばしか》とか四日熱という言葉もありますし、法定伝染病もほとんどが三・五日周期で症状を繰り返すといわれていました。これは病気自体にそうした性質があるのではなく、人間のほうに病気を活性化させたり、沈静化させたりするシステムがあるからだと思われます。

ついでにいえば、ヒーリングで身体を癒す効果も、きっちり三・五日間しか効きません。そこから先は、本人の能力が高ければ維持できますが、再び気が萎《な》えてしまえば効き目も消滅してしまいます。永遠に効くわけではありません。

では、具体的な一週間気功法のメニューを紹介しましょう。

これが「楽々一週間気功法メニュー」

▼最初の三日間……天、地、人の気をとり入れる訓練をじっくりと、徹底的にやってみてください。

ここで重要なのは、天の気が体内に入っていくときのフィーリングはどんなものなのか、地の気や人の気はどのような感じなのか、この違いをはっきりと体験することです。一度身体がこの感覚を認識すると、あとは認識したときのことをイメージするだけで、その気を感じられるようになります。実際のポーズなどしなくても、ポーズをしているときの自分の様子を思い出すだけで、気が入ってくるのです。これが気の素晴らしいところです。

実際に天、地、人のポーズをやってみてください。天の気は、清涼感、爽快感というか、やや涼しげな感じを背中のあたりに感じるはずです。これに対して地の気は、真綿にくるまれたような温かさを手の平と足の裏に感じるのではないでしょうか。人の気は、熱気をもった温かさ、あるいは満員電車で感じるようなねっとりした温かさを、背中から腕にかけて覚えるはずです。

一つの気のポーズに一日一五分間使ってもいいでしょうし、一日に三つのポーズを続けて五分ずつ行っても構いません。これは個人の好みでいいでしょう。

▼四日目……最初の三日間でそれぞれの気の感じが認識できたら、四日目は三つの中で最も気持ちがよかったものを一日だけ追加してください。多分、日本人の七割くらいは天の気を最も心地よいと感じるはずですが、それは、それぞれの身体が一番チャージしにくい気なのです。だから、一日余計にやって、十分チャージしてやるのです。

▼五日目……最終的な全身のバランスをとるために「オーガ法」を行います。大の字に横になって、足の先から段々に全身の力を抜いていき、同時に子供のころの楽しかったことを思い出すトレーニングです。ただ大の字に寝るだけですが、一五分間大の字で過ごすだけ

で、身体の歪みや凝りのかなりの部分が解消できるはずです。

▼六日目……誰か相手を見つけて同調の訓練を行います。その人に気を当ててみるのです。相手がいなければ植物やペットの動物でも構いません。ただ、最初のうちは成果が顕著に目に見える人間相手のほうが、楽しいという意味でいいかもしれません。

ここでのポイントは同調と情報伝達に絞ること。相手の身体を前に押したり、後ろに引っ張ったりするところまでで止めてください。感情に乱れがあったり、ストレスがたまったりしていると、相手が気を拒絶するバリアをかけてきたり、場合によってはこちらが意図したのと反対の動きをすることもあるかもしれません。ここでは自分自身がリラックスできているかどうかを確認することが目的なのです。

▼七日目……そして最終日の七日目に、肩が凝っている人や身体の調子が悪い人をヒーリングしてまわります。いろいろな人を癒すことで身についたパターン認識が、自分自身の潜在意識にフィードバックされますから、どのような症状の人も効果的にヒーリングすることができるようになるのです。やり込めばやり込むほど、身体が覚えてくれるので、いちいち意識しなくてもよくなります。つまり、ヒーリングが楽にできるようになるわけです。

繰り返しますと、最初の三日間では天、地、人の気を高め、四日目で自分のバランスを補正する。バランスがとれたら、これを五日目のオーガ法で完全に調和させる。この五日間で調整して気を高めるわけです。そして六日目に気を出す準備をして、七日目で気を応用して他人を癒す。このサイクルの繰り返しです。

あとは、気を出しすぎて疲れたと思ったら、またもとに戻ればいいし、反対に溜まっているなと感じたら、ヒーリングして回ることです。バランスをとるようにしてください。

ヒーリングの基本は、自分の気を高めていくことによって相手も高まるという原理原則をまず認識することだと思います。ですから、ヒーリングをするには、自分自身がまず元気で健康で、気にあふれていなければなりません。あっけらかんと大らかに楽しく元気に生き、くよくよしない、それがヒーリング能力を高める基本なのです。

気のいい場所はここにある!

よりよく気を高めるためには、室内でのトレーニングに加えて、屋外で気を積極的にとり入れることをおすすめします。

実は、天、地、人を含めて気のバランスは、すべての場所で一定ではありません。場所によって天の気の強い場所や地の気の豊富な場所、人の気が大量に満ちている場所というのがあるのです。

身近な場所では、デパートの呉服売り場は非常に人の気が強い。東京の新宿駅西口の朝のラッシュもやはり人の気が充満しており、六本木や銀座といった繁華街も人の気が強いです。

一方、天の気が強い場所は、たとえば高原地帯。高い山の中央付近も天の気があふれています。このほか尖った場所、ビルの上層階の部屋や屋上も天の気が強い場所です。

地の気が強い場所は、先の二つの気に比べて少し条件が複雑です。まず、地下を火山帯が通っているような場所。伊豆や箱根はその典型です。あとは、幾重にも山が連なっている場所の先端、森林の中、静かな入り江、水の動かない大きな池や沼のあたり、地下に水脈が走っている場所なども地の気の強い場所といえるでしょう。

昔の人はこういう場所をよく知っていたようで、古墳がある場所や神社やお寺がある場所は、ほとんど例外なく、気が強いです。保養地やリゾート地、昔から栄えているような場所もそうです。ある意味、古墳や寺は、ここは気が強い場所ですよ、と教えてくれているようなものです。

古代エジプト人が砂漠にピラミッドを造ったのも、実は天の気をとり入れるためだったという説があります。というのも、エジプトは砂漠ばかりで地の気が非常に強い土地です。天の気をとり入れる場所がなかったので、天の気を吸収する装置としてピラミッドを建造したと考えるとうなずけます。

ただ、こうした気が満遍なく一度にとり入れられれば最高ですが、なかなかそうした場所がないのも事実です。そこで、それぞれの気が豊富な場所をあらかじめいくつか見つけておいて、疲れが溜まったなと感じたときに、そこに出かけて思いっきり瞑想するのも非常に有効です。

特に都会で生活していると、どうしても天の気と地の気が不足しがちです。天の気は胸の上を司《つかさど》る気ですから、これが不足すると上半身の調子が悪くなります。持病として頭痛に悩まされている人をよく見かけますが、天流気の不足が一因となっているのはまず間違いありません。また、足がだるくなる、腰が痛いという人は、地流気の不足が原因である場合が多いのです。それぞれ自分の不足している気が強い場所に折りに触れて出かけては、必要な気をチャージするべきでしょう。

また、一般に高原が天の気が強いといっても、そこに流れている気は微妙に異なります。場所それぞれに個性がありますから、旅行に行ったとき、実際に気をとり入れるポーズを試して、自分に合う「気の強い場所」を探しておくことも大切です。いわば、自分だけのシークレットゾーンです。気のいい場所を見つけては、何度も出かけることをおすすめします。

ご参考までに、私がエネルギー集中地点（俗にいうパワースポット）だと感じる日本全国の主な場所を次ページ以降に記しておきました。参考にしてください。

私も、仕事が休みになると、とにかく街の中をブラブラ歩いては、このあたりは天の気が強いなとか、ここは地の気が豊富だ、という場所を探しています。学校のそばなど非常に人の気が強い場所がありますから、人の気が不足したときは学校の周りを一周するだけでも元気になれます。

あと、いったん気のいい場所で気を感じる体験をすると、このときの体験を思い出すだけでも自然に気が高まるというありがたい性質が気にはありますから、旅行に出かけて気のいい場所に巡り合えたときは、写真に撮っておくのもいいでしょう。

●日本のエネルギー集中地点（太字は特に集中している地域）

北海道　後志　羊蹄山　空知　夕張岳　上川　大雪山
青森県　白神岳　岩木山　八甲田山
岩手県　**卯子西山の海岸**　早池峰山　物見山
宮城県　**荒雄岳**　船形山
秋田県　田沢湖　**十和田湖**　森吉山　湯沢　十文字　神室山
山形県　月山　湯殿山　白鷹山　以東岳　大鳥池
福島県　**一切経山**　霊山　博士山　船ケ鼻山　朝日岳

茨城県　**常陸太田**　筑波山　鉾田　玉造
栃木県　高原山　**大真名子山**　出流山　大倉山
群馬県　至仏山　武尊山　皇海山　妙義山　**西御荷鉾山**
埼玉県　三峰山　白石山　御室山
千葉県　**東金**　行部岬　鹿野山　清澄山　愛宕山
東京都　奥多摩
神奈川県　**大山**　丹沢　**鷹取山**　山王台
山梨県　**富士五湖**　鳳凰山　**七面山**
長野県　諏訪湖　空木岳　高社山
新潟県　大日岳　**御神楽岳**　白山　守門岳　八海山　**妙高山**
富山県　**駒ヶ岳**　立山　高峰山　小矢部　城端
石川県　**宝達山**　宝立山
福井県　部子山
岐阜県　鷲ヶ岳　**高山**　位山　二ッ森山
静岡県　**富士山**　**天城山**　秋葉山
愛知県　鳳来寺山
三重県　**獅子ヶ岳**　笠取山　大洞山
滋賀県　**琵琶湖**　太神山
京都府　綾部　愛宕山　天狗岳
大阪府　金剛山　高槻

兵庫県　**神鍋山**　**七種山**　大船山　六甲山
奈良県　**八剣山**　畝傍山　室生山
和歌山県　**法師山・那智山・小雲取山に囲まれた地域**
鳥取県　船上山　文山　船通山
島根県　**日御崎**　三瓶山
岡山県　那岐山　**新見**
広島県　大峰山　府中
山口県　**西鳳翩山**　四馬神
徳島県　**剣山**　西祖谷山
香川県　**琴平山**
愛媛県　鬼ヶ城　**東三方森**
高知県　堂ヶ森　**白皇山**　島形山　室戸岬
福岡県　福賀山　**宝珠山**　国見山
佐賀県　天山　**琴路山**
長崎県　経ヶ岳　**雲仙岳**
熊本県　**阿蘇山**
大分県　**万年山**　九重山　鶴見岳
宮崎県　都井岬　鰐塚山
鹿児島県　**紫尾山**　稲尾山
沖縄県　本島　渡久地

いい気を出すためのマイルドな環境とは？

気のトレーニングでは、環境に気を配ることも大切です。ほんの小さなものでも、それを置くことによって健康になれる気を出せるとか、反対に気が出にくくなる環境があるのです。いい気を出そうと思ったら、何か一つは自然のモノを部屋にもち込むといいでしょう。家庭で手軽にできるものといえば、植物でしょうか。

ただ、植物なら何でもいいというわけでもありません。植物にもそれぞれ特有の気の性質があって、それが微妙に人間に影響を与えています。たとえば、桜、銀杏《いちょう》、杉、檜《ひのき》、柿、梨などは気のためにあまりよくないといわれています。いずれも実のなる木で生命力は強いのですが、果実の大きな木というのは、気が強すぎるのです。昔からこうした木を人を埋葬した場所に植える習慣があるのも、生命力の強さからなのですが、気のトレーニングという点ではやはり強すぎます。トレーニング中に障害が出る恐れもあります。花の咲く木を家の中に置くなら、梅やボケ、木蓮などがマイルドでいいかもしれません。

アクセサリーを身に着ける場合は、ゴールドのものよりもシルバーのもののほうがマイルドです。ただしシルバーは、感受性の強い人の中にはアレルギーが出る場合もありますから、注意してください。また、トレーニングの際は、身体を強く締め付けるようなアクセサリーはつけないことです。

どうしてもというなら、私がおすすめしたいのは、エメラルドです。これは、昔から健康にいい石とされていて、気のいい石のチャンピオンといえるほどです。

エメラルドがいいのはまず、あの緑色です。緑色は、人間の自然治癒力をとても高める作用があります。しかも、非常に硬いのもいい。普遍性のある硬い石は、私たちに安心感を与えます。反対にこれは壊れやすいなと感じると、途端に不安になってしまいます。一般に硬い石を宝石として珍重してきたのは、そういう人間の精神構造の反映なのでしょう。

ただ、硬ければすべていいともいえません。硬すぎるのも問題があります。たとえば、ダイヤモンドは硬すぎます。ここまで硬くなってしまうと、安定度を超すというか、リラックスしすぎてしまうのです。その結果、今現在の気を固定してしまう危険性があります。調子のいいときにこうした石を身につければ、いい調子が維持できるかもしれませんが、調子が悪くなるとそれが定着してしまいます。その意味で、ダイヤモンドは気のトレーニング中には、避けたほうがいいかもしれません。

第6章

自己像の強化による イメージ健康法

壊されてきた日本人の自己像イメージ

ここまで読まれてきて、健康になるためには、実はイメージすることが非常に重要な役割を果たしていることに気づかれたのではないでしょうか。実際、その通りなのです。どれだけよいイメージをもてるか、あるいはもてないかによって、人間は元気になったり、落ち込んだりする生き物なのです。

問題は、多くの人が、イメージが何かをまったくわかっていないことです。わからないままやろうとするから、何の成果も上がっていないのです。

この三〇年間にわたって巷《ちまた》にあふれているイメージ法、たとえばポジティブシンキング法などが果たして成果が上がったのか、あえて問題提議したいと思います。

イメージ法の根本は触ることです。極端にいえば、触覚でイメージするのです。なぜスプーン曲げだったかというと、触りながらイメージすることによって念力が出るからです。なぜ念写だったのか。カメラに触りながら念じることによって念写が可能になるからです。触るということが、物からの見えざる力を引き出し、不可能を可能にします。

また、物に触れるとイメージ力が高まります。体によい食べ物を手で触って見分けることもできます。イメージで触れるように意識するだけで、加速度的に現実化が早まり、能力が開花するのです。

触れるという感覚は、命の力を最大に活性化させる究極の秘密でもあります。将来どのような屋敷に住んでいるのか、壁紙から床の畳、大理石の玄関まで全部触ってイメージしないとだめなのです。これはすごく重要です。あいまいなイメージでは、中途半端な結果、下手をすると正反対の結果をもたらしかねません。

イメージは、彫刻です。見て、味わい、嗅ぎ、触って、聴く――五感を総動員して対象物の細部やそのものが発する気の性質、最終的にはその力の根元に触れながら、余計な部分は激しく削り込みながら、イメージとなるものを造形しなければならない。そうしなければ、イメージの力は作動しません。

そのように触れるというイメージを繰り返すことによって、いいイメージを育てていかなければ、元気になったり、自己像を強化したり、思い描いたことを実現したりすることは難しいでしょう。とにかく一にも二にも、健康法の骨子《こっし》はイメージを使った自己像の強化なのです。

いけないのは、医学も健康食品の会社も、クライアントという一番大切なお客様の自己像を破壊するような宣伝をしていることです。これこそ、正々堂々と行われている、あからさまな陰謀ではないかと思います。

あなたは知らない、あなたは自信がない、あなたは不健康だ、という一大キャンペーンをやっているようにしか思えません。これを何とかしないと、日本人は滅んでしまいます。こうした宣伝は、自己像を強化するのではなく、自己像を貧弱、脆弱《ぜいじゃく》にすることに他ならないからです。

日本は健康法から滅ぼされようとしていることがひしひしと感じられます。日本人の自己像のイメージが貶《おとし》められてきたのです。日本人の触覚を含む五感も今や本当に壊れかけています。

それだけではありません。自己像から自信やよいイメージが奪われたことによって「どうせできない」とか「ああ、また失敗するだろう」などとつい思ってしまう「心の悪癖」が、人生と時間を浪費するのです。

それぞれの臓器には意志がある

考えてみてください。私たちの体は本来、ああだ、こうだと医者から難癖をつけられるほど欠陥だらけではないはずです。医者も患者がもっと自分の体に自信をもてるように誘導させる必要があります。そうしないと、私たちが本来もっている自然治癒力がうまく発揮できなくなるからです。

たとえば、私たちの臓器にはそれぞれ、自らダメージを修復する力があります。私たちが意識しなくても、それぞれの臓器が自分たちの時間で自己修復しようとするのだそうです。

その話を最初に聞いたのは、旧ソ連（現在のロシア）最強の医師で、霊的技術を極めたジュナ・ダヴィタシュビリからです。彼女はブレジネフ書記長の専属治療師を務め、ＫＧＢの医療大将軍、ロシアのナポレオンとも呼ばれていました。

一九九〇年代に、そのジュナに直接話を聞いたことがあります。ジュナ曰く、「各臓器には別々の意志がある」「別々の心をもっている」と。「それを知らない限り、ヒーリングなどありえない」とも話していました。つまり、その「別々の心」に働きかけることによって、ヒーリングが成り立つのだというわけです。

ジュナはロシアの科学アカデミーから医学博士号を授与されたヒーラーです。そのヒーリング能力の卓越さによって科学アカデミーは、ジュナのような能力者を育てるヒーラーの養成所を創設したほどでした。

ジュナによると、各臓器には別々の波動や意志、時間があるといいます。当時、それは到底西洋医学では理解できない現象であり、発想でした。臓器に意志があるなどという話は論外でした。

しかし、ようやく最近になって西洋医学でも、各臓器が生きている間は、いろいろな物質を出し合って相互にコミュニケーションしているということがわかってきました。お互いが関連し合っているのです。

たとえば、肝臓を切ったら人体の別の臓器がダメになるようなことが平気で起こります。カテーテルを入れただけで、まったく患部とは別の臓器に負担がかかるようなことが発生します。どうしてそうなるかというと、臓器同士が常にコミュニケーションしており、一つが欠けるとそのバランスが崩れるからです。そのことを、ようやく今、西洋医学、特にアメリカの医学界が唱え始めています。

先のケースは悪くなる例ですが、臓器同士がコミュニケーションしているのなら、逆によくなるケースもあるはずです。胃を切除しても、食道や腸が胃の代わりをするようになるのもその一例です。脳の一部を損傷しても、他の部位がその部分の機能を補完する例も聞いたことがあります。

人間の体には、そのような完璧な補完・治癒システムが完備されているのです。尊敬の眼差しなしに、それを見ることはできません。臓器それぞれ、私たちの細胞の一つ一つが神性を宿しているとしか思えないからです。

今一度、古来日本人がもっていた身体の内的イメージと神秘性の関係をとり戻すべきです。私たち一人一人が神なのです。身体は神社であり、寺院であり、己の最強の聖地であるとしっかり強固に意識する必要があるのです。

まずはその第一弾として、丹田を意識したイメージ健康法を伝授いたしましょう。

丹田は「霊的な脳」

日本の伝統的健康法の主軸というのは、何を食べるかとか、どうダイエットするかよりも、中心にあるのは呼吸と腹の使い方、あるいは意識の仕方です。腹という概念は、単に部位的な「お腹」という意味だけではありません。要するに「腹が据わる」「腹が立つ」という慣用句にいみじくも用いられているように、腹という場所に相対する一つの心の状態を示すシンボルでもあるわけです。「腑に落ちる」という表現の腑（胃）も同様です。

この腹を意識する状態は、いろいろ説明されていますが、実質的には、おへその下五センチ、さらにその奥五センチくらいのところに、軽く意識を集中して生きる、呼吸をすることに尽きます。そこには、俗にいう丹田があります。丹田の「丹」は、精神的な薬、スピリチュアルな薬を意味します。それを蓄え、育む場所が丹田です。

それは田んぼのような場所ですから、やはり開墾《かいこん》して、苗を植え、育まなければいけないわけです。丹田を鍛えるためには、そこに軽く意識を置きながら、いろいろなことをイメージする組み合わせが必要です。

イメージと丹田を組み合わせたら、丹田から霊的な薬、霊に能《よ》く効く薬が分泌されると考えてください。その薬とは「魄《はく》」と呼ばれるものです。魄は霊的な薬です。これが分泌され、全身に常に回っていくという仕組みがあります。

実は、霊的な脳中枢は脳にあるのではなくて、丹田にあると考えていただいたほうがわかりやすいかもしれません。丹田は霊的な脳ともいえます。丹田を意識して、そこに様々なイメージを浮かべます。

五行を組み合わせるイメージ法の奥義

具体的にやり方をご紹介しましょう。

たとえば、心臓に自信がない方は、丹田のあたりで火が燃えていて、その上に水が入った鍋があって、火で温められて水が蒸発して、心臓に向かってゆっくりと湯気を立ち昇らせているイメージを思い浮かべます。そうすると、心臓は穏やかになります。

「五行の特徴」の表を思い出してください。

▼心臓〈火〉……もともと五行では火の力があるとされています。火のイメージには、心臓の気の流れを癒す力があるのです。その火のイメージのバランスをとるのが、水のイメージです。火のイメージと蒸発する水のイメージを組み合わせることにより、心臓はバランスをとることができて、非常に穏やかになるのです。心臓の気の流れも大変穏やかになります。心臓系の乱れが落ち着いてきます。血管に籠っている、余剰に残っている霊的な力も緩めてくれるといわれています。

▼肝臓〈木〉……五行でいうと木のイメージです。肝臓の気の流れをよくするためには、緩やかで美しい森のイメージを浮かべます。丹田に軽く意識を集中して、森を思い浮かべます。その森に、自分が子供のころ一緒にいて楽しかった人たち、家族でもいいし、友達でもいいですから、そういう人たちと一緒にいて、森を見て歩いたりしている情景を思い浮かべます。その森の先には、大きな美しい湖があるとイメージします。

▼肺〈金〉……五行では金のイメージです。肺の気の流れをよくしようと思ったら、キラキラ輝く湖をイメージします。美しい湖の底からコンコンと水が湧き出していて、岸辺には美しい花や植物が急速に成長していく姿を思い浮かべるのです。湖の湧き水は、最終的には草木や草花を潤し、植物は美しい花を咲かせます。

または、入り江の穏やかな波打ち際で、波が静かに打ち寄せている光景を思い浮かべます。そのそばで犬や猫など自分の好きな動物が戯れている光景をイメージするのです。海と動物のイメージを行ったり来たりするように交互に思い浮かべるといいでしょう。

▼脾臓周り、膵臓、胃〈土〉……は、五行でいうと土のイメージです。胃の調子が悪いという方は、土に関係しますから、グランドキャニオンとか、土がむき出しになっているような広い場所をイメージして、遠くに山並みが見える風景を思い浮かべてください。

また、土に触って手で土をこねて、一つずつ手でこねた土を積み上げて、大きな器を作っている光景をイメージするのもいいでしょう。土を丁寧にこねて、器を作るイメージです。

▼腎臓〈水〉……五行でいうと水のイメージです。腎の気の流れをよくしたいときは、ザーッと音を立てて流れる滝を思い浮かべます。その滝つぼには、明々と輝く光の塊があるとイメージします。

あるいは、お風呂に入って、湯船にアロマキャンドルを浮かべて火をつけ、キャンドルの火をぼんやりと眺めるイメージを思い浮かべます。湯船につかるときには、丁寧にゆっくりとお風呂に入るイメージをもってください。そして、ゆっくりとアロマキャンドルをイメージするといいでしょう。アロマの香りも同時にイメージするくらいにリアルに思い浮かべるようにしてください。

このようなイメージの組み合わせを、それぞれの木火土金水の相当する臓器の気の流れの活性化に使えばいいのです。

呼吸を整え、霊気を養う

臓器の器質的な故障は、病院で治したり、最新の医療を受けたりする必要はありますが、器質的に壊れる前にその臓器にかかわるイメージをどれだけよくできるかがポイントとなってきます。臓器に蓄積された「霊気」というものをどれだけ活性化できるかということが、霊的健康、スピリチュアル・ヘルスの重要な考え方になるわけです。

さらに、明治から大正、昭和初期まで、様々な戦前の健康法を調べるとよくわかることがあります。当時は、霊術家とか、精神治療家とか呼ばれた代替医療系の人たちが七万人いたとされています。その中で主流派として残ってきた方々の健康法を見ると、自己イメージをどれだけよくするかの追究を主眼に置いていたようです。そしてその自己イメージの本質的なところにあるのは、呼吸をどう意識するかでした。

古代インド哲学によれば、私たちは呼吸するたびにプラナと呼ばれる、宇宙に満ちている霊的要素を常に新鮮に体にとり入れています。息を吐いたときには、体の中の余分な邪気

――自分に必要のない気のことで、決して毒ではありません――それを常に外に排出しています。邪気が外に出れば、それは元の癖のない気に戻ります。

つまり、私たちの体は、とり込まれた気によって常に洗われています。丹田にその気が蓄えられて、それにどういう性《さが》、つまり癖を与えるかは、私たちの心持ち次第です。私たちがどういうイメージを描き、常に丹田に軽く意識を置きながら、それぞれの体の内面にどういうイメージをもつか、どれだけ「元気」なイメージをもつかが大きな治療術になっていくのです。

そのために一番簡単にできるのは、呼吸を整えることです。

イメージ法の話をすると、イメージをする前から「イメージをするのは難しい」という人がいます。そういう人は、イメージをする手前に「イメージは難しい、なかなか描きにくい」というレッテルを貼っていることになります。意外とそういう人は多いです。成功のイメージなどもてない、思い浮かばない、わからないという人たちです。

それは、チャレンジすらしない「口だけの評論家」です。ネガティブイメージの一番悪いパターンでもあります。さあ、元気に歩きましょうというときに、目の前の石につまずくタイプです。こういう人たちほど、体や霊的な問題が出てくると右往左往することが多いのは困ったことです。そうならないために、普段からイメージの根本にある考え方を改めなければなりません。

イメージを「触覚」で描く方法

たとえば、「美味しいトマトを思い浮かべないでください」といわれたとしても、その瞬間に浮かんでいるのは、トマトに付随したイメージであるわけです。すでに付随したイメージをもっていれば、イメージできないはずはありません。ではそのイメージはどこから来るのでしょうか。

イメージを作ろうとしたら、イメージの素材をきちんと集めてくることです。トマトだったら、トマトという言葉の意味を調べたり、実際に栽培されているトマトを見に行ったり、八百屋で実際に手にとって触覚として頭に入れたり、食べてみて味覚として体に覚えさせたりすればいいのです。そうすれば、トマトがどのようなイメージのものなのか思い浮かべることができるわけです。

映画で撮影したように、あるいは写真に撮ったように、詳細に正確にイメージを描く必要はありません。視覚はごく一部の感覚でしかありません。逆に触覚的に感じようとすると、かなりイメージを描きやすくなります。実際に目を閉じて、本物のトマトを触りながらイメージするとイメージしやすくなります。その触感さえあれば、イメージは残っていきます。なんとなく体で感じられるというのが、イメージの形成において非常に大事なのです。

自転車に乗ることができるのは、自転車に乗るという触覚的な感覚を体が覚えているからできるのと同じです。おそらく元気であれば、何歳になっても自転車に乗れます。一度泳げた人も、水に触れながら進むという体の感覚を覚えている、つまり、泳げたイメージがなくならないから泳げるわけです。

イメージを活用していない人など実は一人もいません。それがイメージだということをちゃんと説明してあげれば、だれもが簡単にイメージできているのです。その正しい説明を受けたことがないから、イメージするのが難しいというわけです。

イメージは触覚で、触れることから始めるといいでしょう。未来の成功するイメージがあったり、欲しいもののイメージがあったとして、それに関係するものを触り、その触ったときのイメージを意識することです。

触覚を意識したとたんに、丹田における霊的な力は、活性化して動き出します。しかも自分の願望に添って動き出します。元気になりたければ、元気になる方向に、何か物を引き寄せたければ、引き寄せる方向に動き出します。いい人と出会いたければ、いい人とのテレパシーが働くように丹田の力が流れ込むのです。

一度動き出せば、無限にその力は働きます。一度使うとその力が尽きてしまうのではないかと危ぶむ人もいますが、丹田というものを理解していない人です。丹田は水道の蛇口です。開けば無限に供給される力の蛇口なのです。当然、どのような無限の力でも、普段蛇口は閉まっています。それを呼び起こすのが触覚であり、イメージであり、かつ自分の肉体に対する信頼と力なのです。

表丹田と裏丹田呼吸法

「私は健康だから大丈夫。病院なんかには行かない。薬は嫌いだ」という人をよく見かけますが、これは、不安を抱えた人の遠吠えにすぎません。

実際に病院で検査をして、事実関係をはっきりさせて、必要な薬は全部自分で調べて飲んで、医者もどの医者がいいかを調べて、セカンド・オピニオンも聞いて、定期的に医者にかかることです。これは自分が安心するのと同時に、周りの人間に心配をかけないためでもあります。非常に重要なポイントです。

ある程度、そういうことを心掛けたうえで、常に徹底したイメージ法や適度な運動をしっかりやっていくことが重要です。その運動と体のイメージをつなげるのが呼吸です。

霊術家が説いた呼吸法の中で特に非常に大きな影響力をもった呼吸法を調べると、非常に古くから使われているものに丹田呼吸法があります。空気を吸ったときに下腹を膨らませて、息を吐いたときに下腹をへこませます。これが一般的な丹田呼吸法です。

戦前の日本的な霊術の健康法の中では、この一般的な丹田呼吸法を説いた人は意外と少数派でした。ではどのような呼吸法が主流だったかというと次の通りです。

まず、息を吸ったら、胸を広げます。その胸を広げるときには、肩を両側に反らすように開いて、正中線を開くようにして息を胸に吸い込みます。次に息を胸から吐き出すときに今度は、下腹の丹田のあたりにちょっと力を入れて突き出します。別のいい方をすると、息を吸いながら、胸を斜め上三〇度くらいに向けて胸を開いて、息を吐きながら下腹に力を入れてお腹をへこませて下腹は少し前に突き出すようにします。

これは通常の丹田呼吸法の逆の呼吸法、つまり裏丹田法と呼ばれています。これの何がいいかというと、必然的に姿勢がよくなるのです。胸は真ん中に閉じていくと肩が落ちて手が絞り込むようになります。真ん中に絞り込むように落ちていけばいくほど、憂鬱《ゆううつ》な心持ちになりやすくなります。「胸襟を開く」「腹を割って話し合う」という慣用句に表現されている動作は、非常に健康にもいいのです。

優秀な霊術家は、この裏丹田法に近いものを必ず日常的に行っていました。それが彼らの健康法の基本でもあったわけです。

ほかにも様々な呼吸法があり、それぞれに意味があります。

リラックスをしたいときは、鼻から息を吸って、口から長く吐きます。「さあ、やるぞ！」とばかりに、これから元気になりたいときは、口から吸って鼻から吐き出します。これも簡単にできる呼吸法です。

いろいろな呼吸法を試してみて、結果的に表丹田法（通常の丹田法）が自分には合うという人もいるかもしれません。逆に裏丹田法のほうが、力が出るという人もいるかもしれません。また、丹田呼吸法に鼻呼吸、口呼吸をどう組み合わせるかによって、体の心構えがちょっと変わってくる場合もあるでしょう。こういったいくつかの呼吸法の中で自分に合った方法を組み合わせるというのがベストであると私は思っています。

ロシアの大霊能者と言われたグルジェフは、世界を旅して歩きましたが、インドに着いたときにインドの聖者から「呼吸は無理やりいじってはいけない」といわれたそうです。インドにも非常にたくさんの呼吸法がありますが、人にすすめられたからといって、やみくもにその呼吸法だけを信じてはいけないという戒めの言葉だったのではないかと思われます。その人に合った呼吸法というのがあるのです。それを変えようとしてはいけない、という意味だったのではないでしょうか。

今ある自然の呼吸は、今の体の状態とコミュニケーションした結論です。もしも、その呼吸法が偏っていると、それが習慣化し、五臓の気の蓄えのバランスを崩すことになります。それをリセットするために、深い呼吸をするのです。表丹田呼吸と裏丹田呼吸というのは、偏った呼吸の状態をリフレッシュする力なわけです。体に生まれつき備わっている自然の宇宙的なバランス、いわゆるコスミックバランスと自分を整えるのが呼吸法です。

昔の人は、そのバランスのとれた状態を「中心」といったりしました。中に心と書いてこれを組み合わせると、忠義の「忠」という字になります。これは口と心が一致することでもあります。言行一致の意味だともいわれますが、本来の意味は、呼吸と心を正しく調整してマッチングすることです。

その上で、イメージをきちんと組み合わせて、自分の体を常にきれいにする、つまり、霊的に体を洗い流してきれいにしておくことが呼吸法の主眼であるわけです。これが「忠」という言葉の本当の意味です。

自然と一体化したイメージをもつ

イメージをする際は、光や宇宙のイメージを使うこともポイントです。まず光と合一するというイメージをもつと、体にとっては穏やかさを保てる助けになります。地球や雄大な山脈、宇宙の星々など非常に広くて雄大なものをイメージすることによって、簡単に私たちの体をリフレッシュさせることができます。

そして、自然物に実際に触れることです。木々に触れたり、パワーストーンに触れたり、渓流の水に手足を浸したりすることです。こうした自然のモノとの接触によっても、私たちは自然との一体感があるイメージを描くことができるわけです。

人間の難しいところは、常に自然と闘って、自然をいじめてきて、いつか自然に裏切られ、自然に復讐されるのではないかという「後ろめたさ」を、自分が気づかないうちにもっていることです。そこに問題があります。

その問題を克服するために、次のように考えてください。そもそも、私たちは自然から一歩も外に出ていませんし、自然の中に常にあります。ですからイメージの力を応用すれば、どこにいようが、オフィス街にいようが、過酷な労働をしていようが、イメージで私たちは自然と一体化して、体を癒すことができるのです。

私は以前アメリカに行ったときに、刑務所内で囚人を扱う職員と一緒になる機会がありました。その際、イライラして刑務所にいる人たちにも、こうしたイメージ法を教えてあげると、彼らも癒されるよという話をしたことがあります。それから二年くらいして再会したら、大変成果が上がったという話をされ、うれしく思ったことがありました。

壮大な自然と一体化したイメージをもつことによって、非常に生産性も上がることは以前から知られていました。最近では改めて、英語の横文字でマインドフルネスとかいって企業でも実践されています。アメリカの大学病院では、二〇〇〇年代の初頭ごろからヨガやヒーリングを含め、スピリチュアル的なことが保険診療で認可されるようになったという事実があります。

自分の体に感謝する

社会がどのような状況であれ、環境がどのような状況であれ、私たちが私たちの力そのものので決定できるのは、この体のイメージにほかなりません。

だからこそ、しかるべき医療を受けながら、体のイメージを少しでも育てていく、向上させていくことが大事なのです。それに対して心無いネガティブなことをいう医療関係者がいるなら、その人たちの話を信じない姿勢が必要かもしれません。自分の心の中、すなわち内面のことがわかるのは自分だけですから、治療を受けながらも、心の中では自分を信じるべきです。

医者をむやみに信じ込みすぎるのは問題です。今の健康法というのは、人の体をぼろくそにけなして、自分の健康法を押し付けることが非常に多いのです。そのようなやり方は、一番重要な私たちの自己像を破壊することを意味しています。自分の肉体に対するよいイメージをことごとく破壊して、不安にさせてしまう残虐な行為になる場合もあります。

ですから常に、自分の体に感謝してください。感謝といわれても、なかなか自分の体に感謝できないという人も多いかもしれません。でも考えてもみてください。自分の心地よさも、夢も、何もかも、支えてくれるのは、自分の体ではないですか。

この体は、細胞一つ一つを見たら、半年くらいで死滅して、新しい細胞と入れ替わるとされています。細胞は生まれ変わっているのです。それを見えないところでやってくれている。繰り返している細胞は偉大な存在です。そう考えれば、自然と感謝の気持ちが湧くのではないでしょうか。

ある意味、生命力とは無限力の具現化です。無限力とは、形に影響を与える霊力の蛇口であり、神の意志との接点でもあるわけです。骨や肉や臓物や皮膚や体毛に対して、いつも頑張ってくれているという感謝の思いをもつべきです。自分のために頑張ってくれているのは、この体しかないのです。夜寝る前に、自分の体にありがとうという感謝の思いをもちましょう。

五行と顔の部位の関係

①木＝肝臓＝肝気＝怒り＝激しい抑圧＝眼

目の周辺に異常があったら、肝気が強すぎるか弱すぎるかのどちらか。怒りの感情のバランスが壊れている。愛情とも関係する。

②火＝心臓＝心気＝喜び＝強い興奮＝舌

舌に何か変わった特徴が表れたら、心気に問題がある。はしゃぎすぎたり感情に支配されたりしていることが多い。

③土＝脾臓＝脾気＝立場・環境へのこだわり＝唇

唇の色が悪かったりすると、脾気に問題がある。社会的に立場に関係して困難にあっていることを意味する。お金とも関係する。

④金＝肺臓＝肺気＝悲しみ＝他人との軋轢＝鼻

鼻の調子が悪かったら肺気に問題がある。他人に振り回されている場合が多い。プライドとも関係する。

⑤水＝腎臓＝腎気＝恐れ＝過去との行き過ぎた比較＝耳

耳の具合が悪い時は腎気に問題がある。過去にこだわりすぎて、過去を水に流せなくなる。受容性と関係する。

第7章

信念と自己暗示による最奥義の健康法

信念が物理的な力を生み出す

体の動かし方や生活術のコツは、私たちが健やかに元気で生きるために重要であることをここまで論じてきましたが、実はそれ以上に基本的に重要なのは、何を信じるかです。

医療と心理学の接点における有名な言葉でプラシーボ（偽薬）があります。要は信じ込んで偽の薬を飲むと、その信念に添って強力な治癒効果が現れたり、逆に具合が悪くなったりする現象が起きることを指します。それは医学的、科学的に証明された「最も頭の痛い事実」といえるかもしれません。

医者が白衣を着て現れ、小さな丸薬を患者に渡したとします。その丸薬が実は小麦粉を固めただけのものだったとしても、医者らしき人がすすめたというだけでプラシーボ効果が働き、薬によいイメージをもった人であれば、体に治癒効果が表れてしまうわけです。

製薬会社では、薬の治験をする際、このプラシーボ効果をどれだけなくすかに腐心するのだそうです。

この現象一つをとっても、私たちの人生の幸せから、健康、愛情、そのほかのあらゆる能力向上に至るまで、私たちが何を信じるかという信念が、物理的にも肉体的にも強力な力をもつのだということがわかります。

「一念岩をも通す」という言葉があるくらいです。世の東西を問わず、信念をもつことは、子供にも高齢者にもできます。どんなに多忙な中でも信念をもち続けることはできますし、どんなにリラックスしていても、今すぐに信念をコントロールすることができるのです。

逆に信念が他者にコントロールされたら、大変なことになります。それはマインドコントロールと呼ばれる現象としてよく語られます。

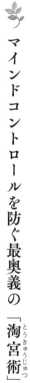

マインドコントロールを防ぐ最奥義の「淘宮術《とうきゅうじゅつ》」

信念は自分にとって、もっとも大切な宝物であることは事実なのですが、それを偏狂的な教祖や権力者、独裁者、それに似非《えせ》科学や似非マネーゲームに委ねてしまってはいけないのです。しかし、マインドコントロールは昔からいたるところであります。しかも、一度マインドコントロールされると、抜け出すのは本当に至難の業です。

そうしたマインドコントロールに引っかからないためには、自分の信念が偏っていないか、常にチェックする必要があります。自分の信念は他者の受け売りではないか、第三者が見たらどう思うかを客観的に分析できる、好きか嫌いか、敵か味方か、善か悪か——そういった二元論のすべてを超越した第三の視点を常にもてるかどうかが決め手となります。

しかしながら、そのような抽象的な心構えだけでは、うまくいく人はうまくいくし、引っかかる人はいつも引っかかります。より具体的な方法として、最奥義の一つといえる「天源《てんげん》淘宮術《とうきゅうじゅつ》」を使う方法があります。人間の心が一つ一つの細胞の心の集合体であると考えたときに、人間は一二の性質の集合体であると説いた「天源淘宮術」は大いに参考になるはずです。

この淘宮術は、徳川家康の指南役として江戸の設計にもたずさわった天海大僧正《てんかいだいそうじょう》が秘密裏に残したといわれている成功哲学です。この哲学を、江戸末期から明治にかけて活躍した思想家の吉川一元（一八二六～一九〇九）が明治期に口伝《くでん》で表に出して、本格的に論じたことにより、一部で知られるようになりました。

それによると、人間の心の中には十二宮の形・性質があるといいます。具体的には、地《じ》、結《けつ》、演《えん》、法《ほう》、奮《ふん》、止《し》、合《ごう》、老《ろう》、観《かん》、堕《だ》、煉《れん》、実《じつ》の十二宮で、それぞれ

「臆病で細かく考えてしまう性質」＝**地**
「強情で何が何でも通そうとする性質」＝**結**
「見栄っ張りで勢いすぎてしまう性質」＝**演**

「豊かさに甘んじて、ついいい加減になる性質」＝法
「野心が強く、無理やり勝とうとする性質」＝奮
「狭量ですぐ嫉妬する性質」＝止
「うぬぼれ屋で自分を見失ってしまう性質」＝合
「あまりに考えすぎて実行できない性質」＝老
「自尊心が強く常に認められたいと思う性質」＝観
「ぶりっ子で小ずるい性質」＝堕
「自慢したがり屋でつい話を捏造してしまう性質」＝煉
「独断で突っ走る性質」＝実

という性質があります。

この一二の性質がひしめき合っているのが人間なのです。十二宮が間違って暴走すると人間は苦しむことになります。どれか一つでも暴走すると、人間の心の形は歪み、棘《とげ》があちらこちらから出て、バランスを崩すことになるわけです。

臆病、強情、見栄っ張り、野心、狭量、うぬぼれ……こうした棘に、他者が釣り針を引っ掛けて、思いのままに操るのがマインドコントロールです。そうされないようにするには、

一二の視点で自分を正しく見つめて律するしか方法はありません。バランスが崩れていると思ったら、自らの意志で棘を引っ込めてバランスをとり、文字通り「円満」に丸くすればいいのです。すると、自然に笑みがこぼれるようになるはずです。

淘宮術を公にした吉川一元は、その極意をどういうふうに楽しく辛抱《しんぼう》するのか、どういうふうに楽しく丸くしていくのかに求め、「とにかく笑っていれば運は開く」という至言を残しました。

多くの場合、思い込んだり、マインドコントロールされたりすると、笑いが消えます。心の目が死ぬからです。そこには思い込みと憤り、異なるものに対する恐れや憎しみ、そして怒りしかありません。笑いの替わりにあるのは、敵愾心《てきがいしん》から発せられるあざけりだけです。そこには謙虚な心も、温かい心も、他者を敬う心もありません。逆に、和して心底楽しく笑うことができれば、思い込みが解ける場合が多々あるのです。

みんなで心から楽しいと思って笑えるようにすることが、マインドコントロールの呪縛から解放される最良の方法であるのではないでしょうか。

イメージを現実化させる究極の方法

これまで各章で触れた、さまざまな生活術におけるボディーワークや食の健康法も大変重要ですが、とにかくそれを超える形で、私たちには信念と自己暗示力という二つの大きな武器があることをしっかりと覚えておかなければなりません。

信念とは、もち続け、育てるものです。たとえば、手に入れたい物品やモノがあるとすれば、それを写真で見て、現物に触れることができれば触れる。それが音を発するものであれば、その発する音を聴き、見えるものであれば色や形を見る。また味わうことができるものであれば味わい、全身の五感をフル動員して、信念の対象とかかわることが極めて重要です。まずそれを最優先にしてください。

特に触れること、触覚の重要性は想像以上に大きいのです。成功哲学ではポジティブに考えようという教えが耳に胼胝《たこ》ができるほど唱えられてきましたが、実はそれだけでは信念を通し、それを叶えるには足りません。それよりも、心に描いたものを味わおうとすることがはるかに大事です。体全身で、特に触覚で触れて味わおうとするイメージを折に触れて、瞬発的でもよいので繰り返しもつことが、潜在意識を動かし、そのイメージを具現化させることに直結します。それこそ最強の願望実現法であることは、私の経験からしても、間違いのない事実です。

逆にいえば、五感で触れて思い描かない限り、イメージは欠片《かけら》も現実化しません。イメージ法が失敗すると、イメージの全否定という最も困った結果を心にもたらします。

目的を描いてみたものの、しかも一念に描いてみたものの、何も得られなかったら、心の力など存在しないと思ってしまうのも無理からぬことです。試して実験して得られた結果がそうだったからです。しかし、自分から見て、自分がやった実験が正しかったということができても、そのときの実験の結果では「何も得られなかった」ということだけにすぎません。試した実験の方法論が間違っていたかもしれないからです。

多くの人は、その方法論が間違っていたことに気づかないで、一つだけの結果に固執して、あきらめてしまうのです。でもそれは本当の答えではないはずです。すぐには信じられないかもしれませんが、私がここで提示したイメージを具現化させる究極の方法を試していただきたい。

とにかく、休憩中の数分でもいいのです。特に効率的なのは、寝る前の一時間と朝起きた直後の一時間です。自分の心に大量の燃料を入れる意味でも、自分が欲しいものや目指すものに触れたり、親しくしたい人であれば楽しく会話をしたり握手をしたり香りを感じたり、住みたい家や場所であればその場所の気を常に全身で感じられるように心がけてください。

力まずに楽に明るくイメージする

この段階でもまだ前途には障害があります。前の章でも指摘しましたが、イメージといっても完璧な絵を描かなければならないわけではないのです。まるで目の前で見ている映画のようにイメージを描く必要はありません。ガチガチの完全主義者にはならないでください。

完全、完璧でないとダメだという気質の人は、この種のイメージ法には向いていません。完璧至上主義では、ちょっとでもできなかったり失敗したりすると、全否定する傾向が強いからです。常に、うまくいったかどうかが不安になり、いつまでに結果が出るのかだけを気にするようになってしまいます。キリキリとした思いで待ち望むと、キリキリとした切望感だけが現実化してしまいます。そういう人は、ガチガチにならずに、まず力を抜いてください。

もう一つのポイントは、イメージを思い描くときに、すでにそれがそこにあると感じるようになることです。そこに存在し、本当にそのものを、美味しい食べ物を口に含んだときのように、丁寧に味わうことです。「描かなければ」ではなくて、「今存在し、それを味わうと感じる」のがコツです。

ですから、イメージ法そのものが、「今、心を楽にするもの」でなければなりません。どのようなことであっても、基本的にはよい感情で淡く、楽しく、明るく思い描いたことは、よい結果を生むのです。

このようにして信念は自分の中で、赤子のように育てられ、ゆっくりと積み上げられて成長していきます。そしてあなたの限られた人生に、たくさんの恩恵を与える糧《かて》となるのです。信念を侮《あなど》ったり、信念を自分から遠くに置いたり、信念を卑下してはなりません。なぜなら、それは人生の機動力の根元的な力だからです。

信念によって動く潜在意識の「底力」

その次に重要なのは、自己暗示力です。自己の内側に対する説得力ということもできます。そもそも暗示という言葉は、催眠術と深くかかわるものでした。現在はその言葉があまりにも禍々《まがまが》しく扱われるようになったので、ヒプノシスとかヒプノセラピーとかメスメリズムなどと横文字で語られます。この分野に関しては、先達は大勢います。

日本では、東京帝国大学（現在の東京大学）で最初に催眠術と心理学についての論文を出したのは、のちに人間のもっている潜在能力の研究で有名になった福来友吉博士でした。彼は催眠と心理という言葉を組み合わせた『催眠心理学』という著書も出版していて、催眠心理学の父といえる存在でした。

彼は、人間の潜在意識が一つの生き物のようなもので、それが現れてくるのが「観念」であると説きました。その観念は生き物であるから、かわいがり、慈しみ、育成することによってその力を強め、発展させることができると考えたのです。『観念は生物なり』という本まで書いています。

実は在野で、福来博士以前からこの自己暗示力を活用することを研究し、神仏に頼ることなく、自己と宇宙の一体感を信じ、そのイメージの力を使って精神の力を最大限にまで引き出す方法を説いた人物がいました。先に紹介した桑原天然です。静岡師範学校（現在の静岡大学）の先生だったころから研究を始め、様々な人々に暗示の偉大さを教え、彼らを導き、『精神霊動』という著作を出しました。

この本の内容は、今読んでも一切色あせることはなく、非常に重要な暗示と潜在意識の関係をわかりやすく説いています。この桑原や福来友吉の影響を受けた村上辰午郎は、東京帝大生時代にそうした暗示術の体系を理論化して「村上式注意術」と名付け、催眠効果における様々な実演を行い、私たちが私たちの潜在意識をどう説得すればいいかを詳《つまび》らかにしました。

暗示は、他人の力を利用すれば催眠術となりますが、自分の力でやれば自己暗示力と呼ばれるわけです。

しかし注意しなければならないのは、潜在意識は常に何を信じるかということを求め続けているということです。潜在意識にはそのような「本能」があるのです。

肉体は、母乳（ミルク）から始まって多くの食べ物を摂取しようとしますが、潜在意識は何を信じるかという信念を渇望します。ある意味、信念は潜在意識に対するミルクなのです。そして潜在意識の無限ともいわれる奥底にある力は、常にその信念に添ってあなたの人生を全力でサポートし、全力で拡大し、全力で美しく元気なものに変えようと日々働いています。

それは傷を負った人が、そこから血を流して痛い思いをした際、血液が早く固まり、傷ついた周辺の細胞が一生懸命に免疫力を駆使して、その傷を癒そうとするのとよく似ています。私たちは肉体がなければ生きられませんが、同時に潜在意識に信念という原動力がなければ、人生を見事に全うすることはできないのです。

触れさえすれば宇宙の扉は開かれる

しかし残念ながら、そのようにすごい存在が自分の内側にあるにもかかわらず、私たちは私たちの存在理由を他者に求めようとします。しかも自分が何を信じるかということに注意を注いだり思考を働かせたりすることを、ついついさぼってしまうところがあります。

信念を込めて自分が描いたものに五感をもって触れて味わう、当然楽しんでやる、面白いと思ってかかる、今を癒すための信念なのだと深く理解する――こうしたことが大事なのです。それなのに、その信念が染み入って具体的に信念が実現化する導き手となる潜在意識の力を卑下したり、無力なものと決めつけたり、見えないから存在しないと考えたりすることは、本当に自分で自分の人生をドブに捨てるようなものです。

私たちの潜在意識は常に、宇宙と交信し、自然界と交信し、人間のもっている集合無意識と交信しています。毎瞬毎瞬、潜在意識はバージョンアップされ、フル活動しています。そして潜在意識は、壮大な力そのものの保管庫として存在し、かつ膨大な情報のデータベースとして働いているのです。

しかし私たちは、信念を通じてでなければ、この力と交信することができません。だからこそ、その信念を刺激する言葉やシンボルを常に用いながら、その信念の力を活性化させる「パワースポット」とか風水的龍穴《りゅうけつ》と呼ばれる土地や地形に出合うことが不可欠なのです。

究極的な話をすれば、良好な信念をよい感情でもっている方や、潜在意識を常に励まし、潜在意識に偉大な力があることを信じることに労力を割いている方は、結局、自然な導きのように、オートマチックによい住処《すみか》に導かれ、よい人間関係に導かれ、よい方向や方法論に導かれるのです。

本書に触れられたことも、やはりみなさんが導かれし者であることを示していると私は信じて止みません。実際にそのことに自信をもつことが大切だと思っています。

あとがき
命の活性化こそが日本人の存在証明

私たち日本人は自然を破壊するのではなく、山と同居し、虫と同居し、花と同居し、海と同居し、川と同居した民族だったはずです。それぞれの自然の恩恵を大事にして、万物にはそれぞれに意志があって、きっと神様が宿っていると考えて生きてきたはずです。そういう時代があったのです。そのように生きることこそ、私たち日本人の存在意義でもあるのです。日本人は古い時代から、究極の自然科学ともいえる全体性の科学を直感的に理解し、実践してきた民族だったのです。そういう概念は古神道の中に本当に生きていて、それが生活実践学として存在していたのです。

私が戦前の日本の治療法に関心をもった最大の理由は、そこにあります。明治、大正、昭和の初期に起きた悲劇は、自然と人間を切り離し、さらには人間同士を切り離す西洋思想が日本に入り込んできたことです。その結果、一人一人の生身の人間の大切さがおろそかにされ、区別なく同一に扱われるようになりました。

西洋の科学は、だれが何度やっても同じ結果になることしか対象にしなくなります。当然、一人一人異なる人間の心など西洋科学は対象にしたくないわけです。人間の心を研究するはずの心理学も、統計でしか人間の心を測ることができない有り様です。心理学や脳生理学者が完璧に人間の心を読めるのなら、とっくに巨万の富を築いているはずです。先日もある犯罪に対して、原告側と被告側がそれぞれ心理学者や心療内科の先生に見解を求めたら、全員分析・診断結果が違っていたというケースもありました。

西洋科学の問題点は、だれもが文句をいわない範囲で物を分けるということくらいしかできないことです。西洋科学は、人間の幸せとか、人間の心に栄養になるといったことにはほとんど無関心でいました。生命的なことや生命に深く結びついている心は、進化しないと考えました。あるいは神だとか、ヒーリングだとか、精神世界的なことは、すべて疑似科学扱いしたのです。

しかし、その西洋科学も、最初は錬金術と一緒のものでした。最初、宗教から生まれた錬金術があって、錬金術と精神世界がごちゃ混ぜだった時代に科学の萌芽《ほうが》があったのです。科学は錬金術から枝分かれしたものだったため、ある種の敵対意識が生まれました。

これに対して日本では、違う道を歩みました。日本独自の健康法を推進する霊術家たちは、西洋科学が入ってきた明治時代にあっという間に西洋科学を学習しました。そして、すぐに西洋科学の問題点がわかったのです。それは、人の幸せを価値基準に置いていないということでした。日本の霊術家たちは、西洋医学のいいところはたっぷり吸収しますが、その根拠や価値基準を西洋科学的なエビデンス（存在証明）にではなく、人の幸せや人の命、それに心の楽しさに置いたのです。彼らにとって、命の活性化こそが霊術のエビデンスだったのです。

彼らは命の活性化に主眼を置いていますから、すべての施術が命の活性化に役立つかどうかが最重要事項でした。人の心が元気になるのか、心の喜びが見出せるのかが、彼らのエビデンスです。ですから、元気とは何なのかを彼らは真剣に探究しました。そして、西洋医学と並走しながら生まれたのが、精神論的治療法だったわけです。それは、大正生命主義と呼ばれています。

大正生命主義は当時、文学や科学の発明・発見だけでなく、社会論、戦争論に至るまで大きな影響を及ぼしました。ただ残念ながら、その新しく芽生えた「精神論寄りの科学」はそのまま、旧日本軍が提唱した戦争にのみ込まれていきます。

日本人は優秀だったのですが、なぜ列強諸国から圧力がかかって、彼らのいうことをいちいち聞かなければならないのかという思想が台頭してしまったのです。それは自由民権運動から始まっています。

調べてみると、身体健康法の元祖である田中守平や松本道別は、自由民権運動で逮捕された前歴があります。有名な日比谷の市電焼き討ち事件でも松本道別は主犯として逮捕され、二年間の懲役刑に処されています。忠君愛国青年であった田中守平は、ロシアへの強攻策を進言した上奏文を携え、天皇に直訴、大事件となり、警察に取り押さえられました。幸い、当時の対露強攻策は国民感情に添うものであったし、品行方正な苦学生であった田中に対する世間の同情を背景にして、田中は誇大妄想狂と診断され、田舎に帰されています。

このように霊術家たちにも行きすぎはありました。そうした中、軍部はうまく時流の波に乗り、太平洋戦争という巨大なうねりの中に入ってしまい、結果、その精神論ごと滅んでいったのです。

精神主義が失われたことの大きな代償

戦後、精神論的治療法を含む生命主義の運動はさげすまされ、唯物論を主唱する西洋科学が支配的になります。合理的でだれがやっても同じになる科学以外のモノは、批判や否定の憂き目に遭うようになりました。日本は精神主義と反対の流れにのみ込まれます。戦前とは真逆の方向に振れたわけです。

ある意味、アスペルガー的な国民性が反映されているとみることもできます。一方向に突進していく傾向をもっているのです。

今は、何をするにも「IT、IT」の連呼です。五〇年前くらいからコンピュータ文化が芽生えて以来、すごい勢いで広がっています。この三〇年間、確かにインターネットのおかげで便利になったといいますが、その分、トイレの落書きのような悪口が世界中を席巻し、ネットの誹謗中傷や、SNSのいじめでどれだけの自殺者が増えたでしょうか。日本の自殺者は一時期年間三万人を超え、今でも二万人くらいの人が自ら命を絶っています。その状況は、もう戦争と同じではないかと思われます。湾岸戦争で亡くなった人よりも多い可能性すらあります。子供に生きる戦争を強いたのはＩＴではないかという指摘は、もっと声高に叫ばれるべきです。

もしも今、太陽フレアが悪影響を及ぼしてネット環境が完全に停止したとしても、人間が心から喜んで生きる方法はたくさんあります。そのほうが幸せになるかもしれません。人をもっと大事にして、情報をもっと大事にして、火の起こし方がわかって、鳥や獣、魚とりがうまい人がリーダーになり、それぞれ食料調達や生活を便利にする専門家が現れ、みんながそれぞれ敬意を払われ、尊敬される時代になるわけです。

人類が突然石化し文明が滅びた世界を描いた漫画「Ｄｒ．ＳＴＯＮＥ」ではありませんが、私は絶対にそのほうが人間は幸せになると思っています。特に若い人たちを見ているとそう思います。

私はよく若い人たちに口を酸っぱくして、このような話をします。すると、私の論拠をいちいちネットで調べるようなことを彼らはするのです。彼らがそのまま大学院に進学して、その態度で論文を書いたとします。「ネットにこう書いてありました、根拠はネットです」と。まさに馬鹿の極致です。

だれかがどういう目的でどのような陰謀を企てているとはいいませんが、ネットによって私たちは確実に馬鹿になりました。

インターネット（internet）の語源は、非常に象徴的です。もともと接頭語として使うと「相互に」という意味になる「インター（inter）」という言葉は、「穴や墓に骨を置く」とか「埋める」「埋葬する」という意味です。「ネット（net）」は「網」とか「罠」という意味ですから、罠にかけて死体を墓穴に埋めるという意味が隠されています。少なくとも相互に罠を仕掛けて埋めるという性質が込められていると解釈できます。その時点で、すでに私たちは殺されてしまっているのです。「お前はもう死んでいる」の世界です。

今や情報一つでさえ、ネットがないと自分に自信がもてない時代になっています。それは非常に悲しいことです。

行き場を見失い、右往左往する患者たち

最近、「生きる希望がない」「死にたい」という人をカウンセラーとして説得する際に一番苦労するのは、ネットが次々に「自分はダメだ、ダメだ、ダメだ」と思い込ませてしまう説得材料を、彼らの周りにすごい勢いで増やしていることです。

そういう情報を流しているのは、人間ではない場合もあります。そこも辛いところです。人の死を楽しむ人々も増えています。令和六（二〇二四）年元日に発生した能登地震でも、災害に付け込んで「建物が崩れて人が挟まれているので助けてくれ」というデマがネットでたくさん広まりました。そして、救助隊がその場所に駆け付けても、救助を必要とする人は誰もいないケースが報告されたそうです。デマによって、本当に緊急を要する人の救出が遅れれば、殺人と同じことです。

「コロナのワクチン反対」というコロナ陰謀論者がいても、ワクチンをするかしないかは、その人の判断です。しかし、コロナ陰謀論者が、ワクチン接種会場を襲撃するのは問題です。自分がワクチンを接種しないからといって、接種したい人の妨害をするのは、人殺しと変わらないわけです。

そういう状況を見聞きするにつけ、日本人の偏った健康法が自殺と殺人に手を染めさせているように思えてならないのです。そのような狂気性を感じます。

午後三時から午後七時までは、本来健康であれば人間が一番活動したい気持ちになる時間帯ですが、食べ物がちゃんとしていないと、その時間帯には眠くなってしまうと聞いたことがあります。

当然、食べ物がちゃんとしていないと、何をやっても元気が出ない。医者に行っても、病院でも「どうしてだろう?」と首をかしげるだけで、何度検査してもどこが悪いかわかりません。それどころか、検査ばかりするので、検査のせいで調子が悪くなって病気になるという悪循環に陥るわけです。そこには行き場を失って、人生に右往左往する患者でごった返している姿があります。医者に騙されているとはいいませんが、医者が間違っているかもしれないと思って対策をとるに越したことはないのです。

内にある「命を輝かせる力」をとり戻そう

不安なら、医者にかかってもいいのです。一度医者の話をよく聞いて、疑問に思ったら別の医者や病院にセカンド・オピニオンを求めればいいのです。

私の経験では、一番医者の間で意見が分かれるのは歯医者です。私は一か月で一〇軒ほど違う歯医者に「あご」に関する診察を受けたことがあります。あごは一つしかないのに、歯医者の意見は全部違います。説明も、金額も、治療法も全部異なっていました。いったい歯科医師会はどうなっているのかと強く思いました。

極端な例では、「全部抜いてインプラントにしましょう」という歯医者もいました。すると、八〇〇万円かかるといいます。「インプラントが嫌なら、半永久的に使える入れ歯を入れましょう。土台はプラチナで」という歯科医もいました。その治療費は二八〇〇万円です。

永久歯がとれたら差し歯を入れるしかないと思っている人がいるかもしれませんが、前歯がとれた子供がいて、その歯を生理食塩水に浸けて、入れなおしたらくっついたという例もあります。

パウダー治療法というのもあります。粉を固めると歯になるのです。そういう粉がすでにあるのです。ある薬品を塗ると、歯がゴムのように柔らかくなるので、特殊なナイフで患部を切ってパウダーを入れて整形して出来上がりです。そのあと、自分で勝手に再生して、治るのです。この治療法で一つだけ難があるのは、前歯の治療のときに色が変わることです。しかしそれも、歯のマニュキアを使えば、白い歯にすることができます。

歯科医はそういうことも患者に知らせずに、「すぐ抜きましょう」「差し歯にしましょう」と診断するケースが多いのです。大体パターンは決まっています。銀歯、差し歯、セラミックかぶせ、抜歯、インプラントの順番です。その間、とてつもない治療費がかかります。今や、口腔外科にかかれば、あご全体を取り換える治療法もあるそうです。

インプラントは、一〇年単位で自然脱落してしまう可能性があります。何千万円もかけてインプラントをしてもらった人が、ある日、ゴルフ場で全部自然脱落したと憤慨していました。

医術が金儲けの手段になって久しいのかもしれません。当たり障りのない薬を処方して、プラシーボで薬漬けにしているようにも見えます。

もう、そんな時代は終わりにしましょう。生命の根源を元気にするような医術が本当の医術です。

胃を切除しても、食道や腸が胃の代わりをするようになります。同様に、切った傷が元に戻るという自己治癒力もっています。傷が治る力の不思議さをわかっていないし、体の中の仕組みもわかっていない人が多すぎます。私たちの自然治癒能力は想像をはるかに超えた力をもっています。

それを確信するためにも、この本で紹介した気を高める方法やイメージ健康法を試してみてください。

命を輝かせる力をあなたはすでに自分の中にもっているのです。あとは信念をもって、その内に秘めた力で生命を、そして、あなたの人生を強く美しく輝かせください。

参考文献

『赤の書　テキスト版』C・G・ユング　創元社（二〇一四）
『赤の書　図版版』C・G・ユング　創元社（二〇一八）
『イエス・キリストは実在したのか？』レザー・アスラン　文藝春秋（二〇一四）
『医道の望診入門　人相の極意と医法』西沢道允　一皇漢医道研究所（一九五六）
『「いき」の構造』九鬼周造　岩波書店（一九三〇）
『いけばなの起源　立花と七支刀』中山真知子　人文書院（二〇〇二）
『一元先生の淘話』竹内勝太郎（師水）　永楽堂（一九一二）
『因明学全書』村上専精　哲学書院（一八九一）
『運命の科学的探究』宇田川豊弘　大和（一九四九）
『易学階梯附言』谷川　順（一八一四・文化一一年）
『易学教科書　手相篇』東京占業組合（一九三九）
『易学日本義』長岡理泉　日本神鏡学院（一九三八）
『易学字典』高島嘉右衛門・柳田幾作　修学堂書店（一九一〇）
『岡田式呼吸静坐法と実験』伊藤銀月　文栄閣書店・春秋社書店（一九一二）
『岡田式虎二郎先生写真帖』田原静坐会同人（一九六九）

『岡田式静坐の力』橋本五作　松邑三松堂（一九一七）

『岡田式静坐法』実業の日本社（一九一二）

『小原国芳全集・教育改造論・自由教育論』小原国芳（玉川学園大設立者）　玉川大学出版部（一九五三）
〔一三章に心霊の教育と宗教と題する重大な論文有〕

『開運神秘相学正解』市原　章（納山）　東洋観相学研究会（弘文堂内）（一九一八）

『篝火《かがりび》』秋山真之・井上哲次郎・筧克彦・木村鷹太郎・川面凡児・頭山　満・福来友吉他　古典攻究会編
（一九一六）

『皇道姓名学奥儀（全）』徳田浩淳　霊理学派聖恩閣本部　百部限定版非売品（一九四一）

『家相千百年眼』梶田勘助・平澤白翁口述　愛知書肆（一九一三）

『家相の神秘』相羽鴻賢（田中胎東後継）　天道会本部（一九五五）

『家相の見方』山田照胤　神宮館（一九六一）

『神ながらの道』筧　克彦　皇后宮職御蔵版内務省神社局（一九二六）

『感応術及催眠術』富永　勇（陸軍軍医）　哲学書院（一九〇三）

『厳新気功学テキスト』厳新監修　ベースボールマガジン社（一九九〇）

『家庭宝典』亀田壹弘　共同館（一九三四）

『上代日本の宗教と祭祀』宮井義雄　成甲書房（一九七八）

『観相奥秘伝』吉村観水　紀元書房（一九五八）

『観相学の実地応用奥秘伝全集』中司哲巌　修文社（一九三〇）

『観相極意昌運之友』玄龍子（目黒要太郎）　観相学講習所（一九一六）

『観相読本（水野南北相法秘遺）』若松敬治　回陽堂（一九三四）

『観相の文化史』相田　満　勉誠出版（二〇二一）
『観相発秘録（一〜十二輯）』八木喜三朗　八木観相塾蔵版（一九六二）
『気功医学』伊藤鉄民　健友館（一九九六）
『機械の中の幽霊』アーサー・ケストラー　ぺりかん社（一九六九）
『偶然と驚きの哲学』九鬼周造　書肆心水（二〇〇七）
『現代人の宗教』大村英昭・西山　茂編　有斐閣
『玄龍子相法』玄龍子　帝国人相学院（一九二九）
『奇跡の書』岡田建文　紀元書房（一九三六）
『皇国古伝亀卜相秘鈔』杉本鉄幸　杉本亀卜教館（一九一五）
『交霊感応氣合術講習秘録（上下）』天玄洞本院（一九二七）
『交霊感応気合術病氣治療秘訣支部長指導書』天玄洞本院（非売品）（一九二五）
『形貌学講義』石龍子　玄黄社（一九二七）
『古代ユダヤ教（Ⅰ・Ⅱ）』マックス・ウェーバー　みすず書房（一九六四）
『高等魔術の教理と祭儀（教理篇）』エリファス・レヴィ　人文書院（一九八二）
『言霊の道・先覚者略伝集』吾郷清彦　言霊の道先覚者慰霊顕彰普及会（一九九一）
『呼吸式感応的治療秘書』渡辺藤交　日本心霊学会（非売品）（一九一三）
『古今未発　五音顕真術』陽新堂主人　陽新堂（一九〇〇年代初頭）
『古事記以前の書』吾郷清彦　大陸書房（一九七二）
『古事記生命の原理』浅野正恭（和三郎兄）　心霊科学研究会（一九三六）
『三賢一致書』大龍　編　慶安二年（一六四九）（木版本）

『住居の生態設計秘要』田中昌穂　住居生態研究所（一九五三）
『住宅と家相』田中茂公　教育図書出版社（一九三六）
『自然現象と心の構造』C・G・ユング・W
『パウリ』海鳴社（一九七六）
『真怪』井上円了　秀英舎（一九一九）
『神経奇蹟現象』栗田仙堂　リズム学院（一九一九）
『真説古事記』山田久延彦　徳間書店（一九七九）
『実験記憶法』桑原俊郎（天然）開発社（一九〇三）
『実験催眠術講義』村上辰五郎　金刺芳流堂（一九一二）
『自彊術実施治療法』中井隆徳・高木悦郎　自彊術学院出版部（一九三〇）
『處世要訣人心観破法』無無庵子　大東社（一九二四）
『心身修養法講授録』平岩霊眞述岩井顕孝編　心身修養会（一九二四）
『神秘のカバラー』ダイアン・フォーチュン　国書刊行会（一九八四）
『心理応用魔術と催眠術』近藤嘉三　頴才新誌社出版部（一八九二）
『心理の領域』J・B・ライン　北隆館（一九五〇）
『心理学と錬金術Ⅰ・Ⅱ』C・G・ユング　人文書院（一九七六）
『心霊学より日本神道を見る』浅野和三郎　心霊科学研究会（一九三八）
『心霊研究と新宗教』森　作太郎　嵩山房（一九二七）
『心霊上の不可思議四題』岩村通世述（元検事総長・司法大臣）日本仏教新聞社（一九五五）
『心霊的自己防衛』ダイアン・フォーチュン　国書刊行会（一九八三）

『心霊之偉力』竹田芳淳　日本心霊大学出版部（一九二九）
『西欧精神医学背景史』中井久夫　みすず書房（一九九九）
『世界の予言』村田親弘　非売品私家版（一九六六）
『精神霊動　1・2・3』桑原俊郎（天然）　開発社（一九〇三～一九〇四）
『聖書と易学』水上　薫　五月書房（二〇〇五）
『精神作興活きた宗教』清水芳洲　東京心理協会・二松堂書店（一九二四）
『聖ヒルデガルトの医学と自然学』ヒルデガルト・フォン・ビンゲン　BNP（二〇〇二）
『聖ヒルデガルトの病因と治療』ヒルデガルト・フォン・ビンゲン　ポット出版（二〇一四）
『聖母の出現』関　一敏　オンデマンド出版日本エディタースクール出版部（二〇〇四）
『脱電脳生活』マイケル・シャリス　工作舎（一九九二）
『地因萬物活動変化秘伝書』佐藤安五郎（観元）　観理学会本部（一八九二）
『地理風水萬病根切窮理（乾・坤）』松浦琴生　信陽・生々館蔵梓（一八八九）
『天地原因秘訣書』佐藤安五郎（観音）　観理学会本部（一八九二）
『東洋真術骨相学図解（上下）』中嶋公磨　魁真樓（一八九五）
『渡満行紀』田中智学　師子王文庫
『富の福音』アンドリュー・カーネギー　騎虎書房（一九九〇）
『南北相法修身録（全）』水沢　有　訳本　東洋書院（二〇〇九）
『西式強健術と触手療法』西　勝造　たにぐち書店（二〇一一）
『日本語源の心理的解釋』安井　洋　刀江書院（一九三七）
『日本體操』筧　克彦　春陽堂書店（一九二九）

『人相手相墨色指南』榊原角二郎　東京書肆順成堂蔵版（一八九一）
『藤田式修養息心調和法中伝』藤田霊斉　三友堂書店（一九一五）
『法力行り方繪解』藤田　勇（西湖）　修霊鍛身会（一九二八）
『山田式整體術講義録』山田信一　山田式整體術講習所出版部（一九二一）
『熊嶽術真髄』浜口熊嶽　浜口熊嶽事務所（一九二三）
『ユング・カルト』リチャード・ノル　創土社（二〇一一）
『霊界の謎を探る』山田祐子　文化書房博文社（一九七四）
『霊感術入門』橋本　健　池田書店（一九六八）
『霊示療法講義録』清水英範　大日本心霊学院（非売品）（一九二八）
『霊術と霊術家』霊界廓清同志会編　二松堂書店（一九二八）
『霊素放射霊力治病秘法書』石崎輝峯　印度哲学院事務所（非売品）（一九三〇）
『霊と健康』山内篤馬　都城通信社（一九二九）
『霊の世界観』友清歡真　神道天行居（一九四一）
『霊明法講授秘録』木原鬼仏　心霊哲学会（非売品）（一九二一）
『煉丹修養法』伊藤光遠　実業の日本社（一九一七）

著者／**秋山眞人**（あきやま・まこと）

1960年、静岡県下田市に生まれる。国際気能法研究所所長。大正大学大学院文学研究科宗教学博士課程前期修了。少年期から超能力者として有名になり、その後、SONYや富士通など多数の大手企業で社員の能力開発や未来予測のプロジェクトに関わる。数万冊の古文書・古書を所蔵し、精神世界、宗教、パワースポット、日本人の呪術・霊術を研究。

著書は、『山の神秘と日本人』『宇宙意志が教える　最強開運術』（以上、さくら舎）、『リアル・シンクロニシティ・フォースカード』（ＪＭＡ・アソシエイツ）、『しきたりに込められた日本人の呪力』『怖いほど願いがかなう 音と声の呪力』（以上、河出書房新社）など130冊を超える。イマジニア株式会社（店頭公開企業）でコンサルタント、個人相談の窓口ももっている。

秋山眞人公式サイト
https://makiyama.jp/

イマジニア株式会社 公式サイト
https://www.imagineer.co.jp/

協力／**布施泰和**（ふせ・やすかず）

1958年生まれ。英国ケント大学留学を経て、国際基督教大学教養学部（仏文学専攻）を卒業。共同通信社経済部記者として旧大蔵省や首相官邸を担当した後、96年に退社して渡米。ハーバード大学ケネディ行政大学院とジョンズ・ホプキンズ大学高等国際問題研究大学院で学び、それぞれ修士号（行政学、国際公共政策学）を取得して帰国した。帰国後は、精神世界や古代文明の調査、取材、執筆を中心におこなっている。

著書に『卑弥呼は二人いた』、秋山眞人氏との共著に『万物の霊性と共鳴する　日本人の呪力』『前世は自分で診断できる』『UFOと交信すればすべてが覚醒する』（いずれも河出書房新社）等、多数がある。

気の正体
日本人の命の健康法

2025年４月15日　第１刷発行

著　者　秋山眞人
協　力　布施泰和

発行者　櫻井秀勲
発行所　きずな出版
東京都新宿区白銀町1-13　〒162-0816
電話 03-3260-0391
振替 00160-2-633551
https://www.kizuna-pub.jp/

ブックデザイン　國枝達也
印刷・製本　モリモト印刷株式会社

ISBN978-4-86663-275-9

きずな出版